超级电影课

直面困境　追求梦想

主编

杨爱君　王晓琳

编著

刘会忠　王晓琳

中原出版传媒集团
中原传媒股份公司

大象出版社
·郑州·

图书在版编目（CIP）数据

超级电影课. 直面困境　追求梦想／刘会忠，王晓琳编著. — 郑州：大象出版社，2024. 6
（中小学德育影视课程丛书／杨爱君，王晓琳主编）
ISBN 978-7-5711-1907-2

Ⅰ. ①超… Ⅱ. ①刘… ②王… Ⅲ. ①德育-中小学-教学参考资料②电影-鉴赏-中小学-教学参考资料
Ⅳ. ①G631

中国国家版本馆 CIP 数据核字（2023）第 210106 号

中小学德育影视课程丛书

超级电影课：直面困境　追求梦想

刘会忠　王晓琳　编著

出 版 人	汪林中
策　　划	梁金蓝
责任编辑	梁金蓝
责任校对	安德华
装帧设计	王　敏

出版发行　大象出版社（郑州市郑东新区祥盛街 27 号　邮政编码 450016）
　　　　　发行科　0371-63863551　总编室　0371-65597936
网　　址　www.daxiang.cn
印　　刷　河南新华印刷集团有限公司
经　　销　各地新华书店经销
开　　本　720 mm×1020 mm　1/16
印　　张　14. 25
字　　数　181 千字
版　　次　2024 年 6 月第 1 版　2024 年 6 月第 1 次印刷
定　　价　48. 00 元
若发现印、装质量问题，影响阅读，请与承印厂联系调换。
印厂地址　郑州市经五路 12 号
邮政编码　450002　　　电话　0371-65957865

目 录

1

中小学德育影视课程的设计与策划说明

一、课程的指导思想

电影作为一种文化媒介，具有强大的表现力与艺术感染力，蕴含着娱乐、审美、教育等多种功能。对于世界观、人生观、价值观正在形成的中小学生来说，电影的影响力尤为显著。正是基于这种认识，我们着手编写了中小学德育影视课程。该课程以《中小学德育工作指南》《关于加强中小学影视教育的指导意见》等文件为指导，以优秀的影视作品为依托，旨在弘扬传统文化、革命文化和社会主义先进文化，助力学生成长。在构建课程的过程中，我们充分借鉴了教育学和心理学的研究成果，所选影片兼具经典性与可观性，契合了学生年龄特点和心理趋向。整个课程旨在引导学生在与自我、与他人、与社会、与自然、与文化的对话中厘清困惑，内化责任意识，增强"四个自信"，为学生全面发展和终身发展奠定坚实的思想基础。

二、中小学影视课程的现状

2018年11月，教育部、中共中央宣传部联合印发了《关于加强中小学影视教育的指导意见》(以下简称《意见》)。《意见》明确指出：力争用 3—5 年时间，全国中小学影视教育基本普及，形成中小学影视教育的浓厚氛围。

当前，各级教育行政管理部门、一线中小学校长与教师都已认识到影视教育的重要性，开展了形式多样的影视教育探索。但就整体而言，电影课程还是一种新生事物，目前尚处于萌芽阶段。表面看来，影视教育呈百家争鸣、百花齐放的蓬勃发展之势，但实际上还存在许多不容忽视的问题，主要体现在以下几个方面。

1. 忽视对电影教育价值的挖掘。不少学校和家庭仅仅看到了电影的娱乐价值，没有充分发掘影片中蕴含的教育价值。

2. 影片的选择带有盲目性。许多学校和家庭在选择电影时比较随意，通常选择当下好评多、票房高的电影，没有充分考虑不同年龄阶段孩子的心理特点与成长规律。

3. 课程内容缺乏整体规划，教学方式缺乏创新。

4. 影视课程开展的时间难以保障，硬件设备、观影场所等都具有一定局限性。

5. 电影资源获取渠道逼仄，难以获取高品质的影片资源。

如何正确认识中小学电影课程的内涵及价值，如何构建一个符合学生认知特点和成长规律的德育影视课程体系，是值得探讨的问题。

三、中小学德育影视课程的内涵

德育影视课程是指以优秀影视作品为主要媒介，围绕学生习惯与品德养成，结合班级管理中出现的阶段性和普遍性问题开展的集观影、交流和实践于一体的综合性实践课程。德育影视课程的形式灵活多样，可以精选一部电影进行主题探讨，也可以根据同一主题剪辑几部相关电影片段进行串接，在对比中实现对该主题全面深入的理解。学校不是开展影视教育的唯一阵地，家校合作可以有效提升德育效果。

四、中小学德育影视课程的开发依据

（一）政策依据

2017 年 8 月，教育部印发了《中小学德育工作指南》（以下简称《指南》）。《指南》是指导中小学德育工作的纲领性文件，也是中小学德育影视课程的政策依据，规范着本课程的目标设定和内容选择。

在《指南》中，中小学德育总体目标被表述为："培养学生爱党爱国爱人民，增强国家意识和社会责任意识，教育学生理解、认同和拥护国家政治制度，了解中华优秀传统文化和革命文化、社会主义先进文化，增强中国特色社会主义道路自信、理论自信、制度自信、文化自信，引导学生准确理解和把握社会主义核心价值观的深刻内涵和实践要求，养成良好政治素质、道德品质、法治意识和行为习惯，形成积极健康的人格和良好心理品质，促进学生核心素养提升和全面发展，为学生一生成长奠定坚实的思想基础。"德育目标一方面体现着我国教育以立德树人为根本任务的总体方向，体现着思想道德、理想信念和价值观念的先进性；另一方面尊重学生的认知发展特点和思想道德实际，从学生的社会生活、道德生活、法律生活、政治生活等多方面提出要求，尊重学生的社会生活实际，使德育目标具有可行性，不断提高中小学生的公共道德水平和社会参与能力。

依据德育目标，《指南》将德育内容分为五个大项，十六个小项。这五个大项分别是：理想信念教育、社会主义核心价值观教育、中华优秀传统文化教育、生态文明教育、心理健康教育。

《指南》提及的德育目标和德育内容，将作为中小学德育影视课程的重要设计依据。

（二）理论依据

中小学德育影视课程在影片选择上有着明显的层级性与阶梯性。这种层级性有其内在的教育心理学依据。主要依据有两个：一个是皮亚杰的道德发展理论，一个是科尔伯格的道德发展阶段理论。

瑞士儿童心理学家皮亚杰是认知心理学的代表人物，他根据儿童对规则的理解和使用，把儿童道德认知发展划分为四个有序的阶段。

第一阶段：前道德阶段（0—3岁）。

第二阶段：他律道德阶段或道德实在论阶段（3—7岁）。

第三阶段：自律或合作道德阶段（7—12岁）。

第四阶段：公正道德阶段（12岁以后）。

科尔伯格的道德发展理论受到皮亚杰观点的影响，被称为皮亚杰在道德发展领域的继承人。

1. 前习俗水平，分为惩罚与服从的道德定向阶段和朴素的利己主义定向阶段。处于这一水平的个体还没有内在的道德标准，他们的道德判断取决于外在的要求。

2. 习俗水平，分为"好孩子"定向阶段和维护权威或秩序的道德定向阶段。这一水平上的儿童有了满足社会的愿望，这时他们能够从社会成员的角度来思考道德问题，比较关心别人的需要。了解、认识社会行为规范，并遵守、执行这些规范。

3. 后习俗水平，分为社会契约的定向阶段和普遍的伦理原则的定向阶段。处于这一水平的个体在努力脱离掌握原则的集团或个人的权威，并不把自己和这种集团视为一体，而是以普遍的道德原则和良心为行为的基本准则。

德育影视课程正是基于以上两种理论，针对不同阶段学生道德养成的内在规律来选择影片、设计活动。

五、中小学德育影视课程的内容构成

中小学德育影视课程以《指南》为指引，涵盖了从小学一年级到高中三年级各个学段，在整体框架上大致分为三阶段九阶梯。每一阶段参照个体与自我、个体与社会、个体与自然、个体与文化四个维度，设置自我认同与心理健康、传统文化与家国情怀、自然伦理与生态文明、价值体认与理想信念四大板块。因为影视资源和《指南》的具体内容缺乏清晰明确的对应性，因此在设计中小学德育影视课程的时候，我们只是参照了《指南》中的德育目标和内容框架，具体内容的设计还需结合学生的年龄特点、影视资源的特质进行。

（一）自我认同与心理健康

自我认同是心理健康的重要标志。除此之外，具备健康心理的人还能够在人际交往中适当把控个人情绪，能够不断适应外部环境，对自己的人生具有一定的规划。

（二）传统文化与家国情怀

该板块旨在引导学生正确处理个人与他人、个人与社会的关系；形成乐于奉献、热心公益慈善的良好风尚；不断增强学生的国家认同，形成爱国情感，树立民族自信；形成为实现中华民族伟大复兴的中国梦而不懈努力的共同理想追求；引导学生明辨是非、遵纪守法、坚忍豁达、奋发向上；积极争做知荣辱、守诚信、敢创新的中国人。

（三）自然伦理与生态文明

该板块旨在引导学生了解祖国的大好河山和地理地貌，认识大自然，学会与大自然和谐相处，树立尊重自然、顺应自然、保护自然的发展理念，按照自然规律办事，增强保护环境的自觉性；知道人与自然应该构建和谐共生、良性循环、持续发展的自然伦理形态，树立可持续发展观念，养成勤俭节约、低碳环保、自觉劳动的生活习惯，形成健康文明的生活方式。

（四）价值体认与理想信念

该板块旨在引导学生树立社会主义核心价值观，继承革命传统，传承红色基因，不断树立为共产主义远大理想和中国特色社会主义共同理想而奋斗的信念和信心。

六、各学段课程的设计说明

（一）小学低段

幼儿园的生活以游戏为主，小学阶段则以学习为主。一、二年级的孩子正处于这一过渡阶段。从皮亚杰的道德发展理论看，这个阶段孩子的道德发展经历了一个从自我中心阶段向外在权威阶段过渡的过程。如果按照科尔伯格的道德发展阶段理论，一年级的学生道德水准处于"我不想找麻烦"这一层级上，即处在对外在规则的被动遵守阶段；二年级学生则在一年级的基础上，渐次提升为"我想得到表扬"，即孩子希望通过自己的努力得到外在的肯定与赞赏。这一阶段的孩子整体上还处于他律期，其行为具有很大的可塑性。在学情上，新的学习环境会对一年级的孩子产生重大影响，在规范其行为的同时，很容易引发学生的安全危机，导致心理焦虑。因此，帮助学生排解因安全感不足导致的心理焦虑，引领学生养成良好的学习习惯和生活习惯成为这个阶段道德养成教育的核心任务。

学段	类属板块	主题	电影
小学低段	自我认同与心理健康	讲卫生	《小红脸和小蓝脸》
		明是非	《狐狸送葡萄》
		控情绪	《没头脑和不高兴》
		向美好	《小绳子》
		好整洁	《邋遢大王奇遇记》
		讲诚信	《匹诺曹》
	传统文化与家国情怀	知节日	《除夕的故事》
		有爱心	《雪孩子》
		明责任	《神笔马良》
		确身份	《小兵张嘎》
		守良善	《渔童》
	自然伦理与生态文明	理性看待世界	《超级肥皂》
		了解自然韵律	《昆虫总动员》
		保护自然环境	《潜艇总动员：海底两万里》
		初晓自然伦理	《芬格里：最后的雨林》
	价值体认与理想信念	理解亲情	《宝莲灯》
		学习合作	《三个和尚》
		感受责任	《妈妈咪鸭》
		初识梦想	《狮子王》
		学习英雄	《冲锋号》

(二) 小学中段

父母们应该都有这样的经历：许多孩子在一、二年级时还是个纯纯正正的孩子，也就是我们平常所说的"小孩儿"。进入三年级后好像突然长大了、顿悟了，说话做事也开始一板一眼起来。在这个阶段，孩子的学习习惯、学习态度等逐渐趋于稳定。如果这两年间有些不良习惯没有得到及时纠正，就会埋下很大的隐患。我们精选了20部电影，这些电影不仅让孩子学会悦纳自我、坚定理想信念，而且能够直面问题，进行自我管理。

学段	类属板块	主题	电影
小学中段	自我认同与心理健康	悦纳自己	《奇迹男孩》
		突破自我	《疯狂原始人》
		崇尚美好	《绿野仙踪》
		适应环境	《寻找声音的耳朵》
		学会交往	《麦豆的夏天》
	传统文化与家国情怀	了解传统	《三十六个字》
		敬亲睦友	《少年闰子骞》
		明辨是非	《哪吒之魔童降世》
		学习英雄	《鸡毛信》
		扫除邪恶	《风语咒》
	自然伦理与生态文明	认识物种多样	《海底总动员》
		树立环境意识	《雪人奇缘》
		理解和谐共生	《蝴蝶》
		主动保护动物	《熊猫回家路》
		审视人类行为	《河童之夏》
	价值体认与理想信念	直面挫折	《路灯下的小女孩》
		助人为乐	《E.T. 外星人》
		乐于合作	《霍顿与无名氏》
		捍卫正义	《疯狂动物城》
		国家认同	《国徽》

（三）小学高段

五年级学生开始进入少年期，身心的发展正处在由幼稚趋向自觉、由依赖趋向独立的半幼稚半成熟交错的矛盾时期。六年级是小学到初中的一个转折点，六年级的学习既要做好小学六年的知识巩固与复习，又要开始接触初中的一些知识。心理和学习上都会有很大压力，学会合理安排和规划自己的生活是极为重要的。德育目标与中段一脉相承，只是在内容上具有渐进性。

高段的德育内容涉及家国教育、传统文化、民族精神、规则规范、劳动教育、意志品质、心理教育等多个方面。

学段	类属板块	主题	电影
小学高段	自我认同与心理健康	心怀希望	《流浪地球》
		超越自我	《天上掉下个琳妹妹》
		积极创造	《听见天堂》
		回归自我	《西游记之大圣归来》
		珍爱生命	《寻梦环游记》
	传统文化与家国情怀	继承传统	《毡匠和他的女儿》
		追求梦想	《旋风女队》
		直面困境	《惊心动魄》
		仰慕英雄	《烈火英雄》
		心怀家国	《我和我的祖国》
	自然伦理与生态文明	感受地球神奇	《我们在这里：生活在地球上的注意事项》
		理解依存关系	《我们诞生在中国》
		关注环境问题	《蜂蜜之地》
		理解环境灾难	《海洋》
		主动参与环保	《二月泉》
	价值体认与理想信念	追求自由	《少年斯派维的奇异旅行》
		崇尚民主	《十二公民》
		互相成就	《夏洛特的网》
		坚守正义	《穿靴子的猫》
		追逐梦想	《大鱼》

（四）初中学段

初中学段是学生思维发展、品德发展的质变期，从心理学的角度来说，孩子们面临着叛逆和青春期等重大问题的挑战。初中学段德育影视的任务是通过理想与信仰、坚守与放弃、努力和坚持、理解青春等丰富的主题，引导学生形成直面现实、勇于接受挑战的心理品质。

学段	类属板块	主题	电影
初中学段	自我认同与心理健康	恰当的异性交往	《怦然心动》
		巧妙的亲子沟通	《勇敢传说》
		和睦的家庭关系	《狗十三》
		自信的个人追求	《红衣少女》
		积极的勇于探索	《鹬》
	传统文化与家国情怀	知荣辱	《我的1919》
		立志气	《夺冠》
		学党史	《建党伟业》
		晓过去	《末代皇帝》
		爱国家	《金刚川》
	自然伦理与生态文明	物种多样	《海洋奇缘》
		持续发展	《十八洞村》
		珍爱生命	《唐山大地震》
		和谐共生	《阿凡达》
		守护家园	《南方的野兽》
	价值体认与理想信念	自立自强	《钢琴家》
		明辨是非	《完美的世界》
		立己达人	《秋之白华》
		信守承诺	《一个都不能少》
		价值体认	《孙子从美国来》

（五）高中学段

从人的身心发展来看，高中生在身体发育成熟的同时，自我意识明显增强，独立思考和处理事情的意识与能力不断加强与提升，初步的世界观、人生观、价值观快速形成。高中学生一方面在心理和行为上表现出强烈的自主性，另一方面对升学和专业的选择进入预备期，他们开始面对越来越重要的模拟考试和综合考试排名。随着高考日期的临近，他们升入大学尤其是升入好大学的愿望越来越强烈，心理压力越来越大，情绪波动比较大，这一时期是心理问题的高发期。从中小学德育的发展目标来看,这一时期在加强学生心理疏导的同时,重点应放在人生规划方面,加强正确的人生观和理想信念等方面的人文教育,培养其科学、理性的思维方式,给予其更多的关于人生规划和职业选择的指导,帮助其形成正确的世界观、人生观和价值观,以明确努力的方向。

学段	类属板块	主题	电影
高中学段	自我认同与心理健康	认识自我	《楚门的世界》
		生命尊严	《爆裂鼓手》
		尊师守纪	《老师·好》
		解放心灵	《心灵捕手》
		逆境觉醒	《逆光飞翔》
	传统文化与家国情怀	文化典籍	《敦煌》
		立己达人	《功夫》
		责任担当	《黑骏马》
		为国争光	《横空出世》
		崇德弘毅	《平原上的夏洛克》
	自然伦理与生态文明	生态现状	《三峡好人》
		守护行动	《勇往直前》
		乡土情怀	《无言的山丘》
		人与生态	《塬上》
		人类命运	《驭风男孩》
	价值体认与理想信念	诚实守信	《信·守》
		相信未来	《阿甘正传》
		社会责任	《攀登者》
		坚韧向上	《百万美元宝贝》

小学高段（五、六年级）德育影视课程的设计说明

　　小学五、六年级是小学生自我意识发展的第二个上升期。这一阶段学生的心理特征具体表现为以下几方面：

　　1. 从科尔伯格提出的道德发展阶段来说，孩子们的道德已经上升到能够体贴别人的阶段，能认识和懂得一定的道理，对社会现象开始关注，初步有独立见解。但他们的见解极易受到外界影响而时常发生变化。

　　2. 这一阶段学生的情感日益丰富，社会道德感有较大发展。从皮亚杰提出的道德发展阶段来看，这一阶段的孩子不把规则看作一成不变的，他们开始倾向于以公道、公正作为判断是非的标准。

　　3. 情感的稳定性和控制能力有所增强。学生的自我意识、独立性、批判性和自我评价的内容和水平，都有一定的进步。

　　4. 组织性、纪律性、勤奋、坚毅等优良性格特征逐渐获得健康发展。

　　《中小学德育工作指南》对小学高段德育发展提出的目标是：教育和引导学生热爱中国共产党、热爱祖国、热爱人民，了解家乡发展变化和国家历史常识，学习中华优秀传统文化和党的光荣革命传统，理解日常生活的道德规范和文明礼貌，初步形成规则意识和民主法治观念，养成良好的生活和行为习惯，具备保护生态环境的意识，形成诚实守信、友爱宽容、自尊自律、乐

观向上等良好的品质。此目标与中年级一脉相承，只是在内容上具有渐进性。高年级的德育内容涉及家国教育、传统文化、民族精神、规则规范、劳动教育、意志品质、心理教育、叛逆教育等多个方面。

第一板块

自我认同与心理健康

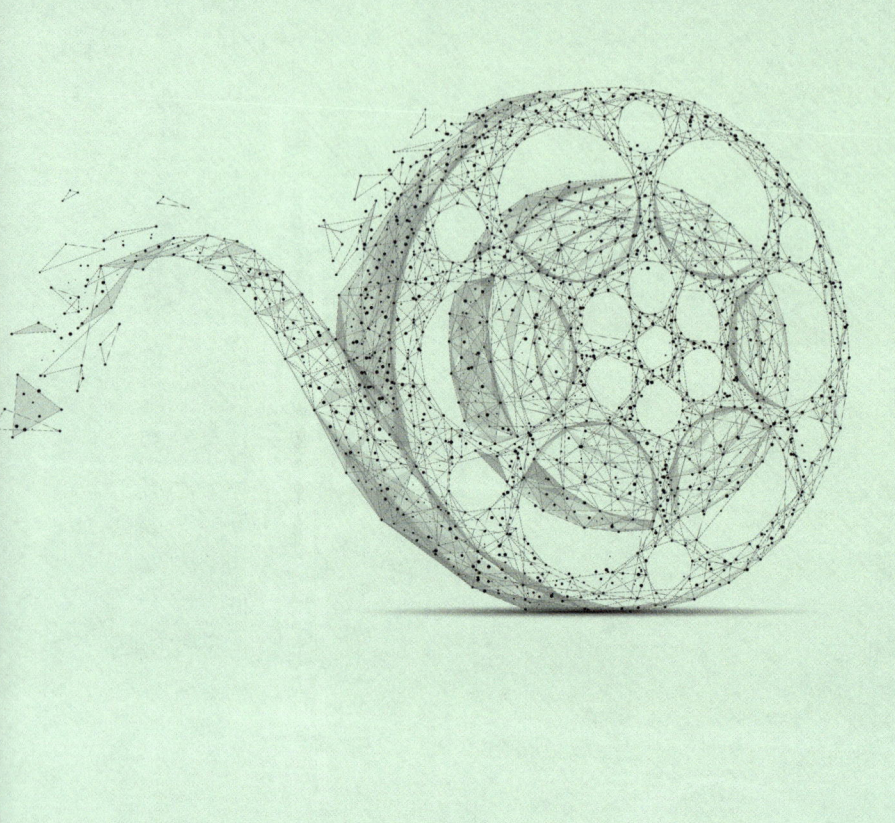

世界之大，何处安身
电影《流浪地球》

□ 刘会忠（山东省东营市利津县汀罗镇中心小学）

导演：郭帆

类型：科幻／冒险／灾难

制片国家／地区：中国

上映年份：2019 年

德育主题

　　在生命前行的过程中保持良好心态，无论遇到怎样的困境，始终心怀希望，是心理健康的标志，也是小学高段德育的重要目标之一。《流浪地球》以其恢宏的场面和富有英雄色彩的科幻故事，精彩演绎了以刘培强和儿子刘启为代表的全人类在事关生死存亡的终极灾难面前不怕牺牲的壮举。观看本影片，可以帮助学生理解"希望"的要义，增强直面困难的勇气，有助于学生形成良好的心态。

一、情节回顾

　　在多年之后，科学家发现太阳正在急速衰老膨胀，一百年内地球就会被膨胀的太阳所吞灭。为了自救，人类提出了"流浪地球"计划，该计划分五个阶段将地球推离太阳系，用 2500 年时间奔向 4.2 光年之外的星系。为了实现这一目标，人类倾尽全力在地球上建造了一万座行星发动机，每座发动机下建有供人类生存的地下城。同时，耗时 30 年建起了与地球同步伴飞的"领航员号"国际空间站，中国航天员刘培强入选其中。

　　进入空间站之前，因妻子病危，刘培强将 4 岁的儿子刘启托付给岳父韩子昂，用自己的特殊身份换得了韩子昂和刘启在北京地下城的居住权。没有了父母的陪伴，刘启对爸爸心怀怨恨。17 年后，刘启带着妹妹韩朵朵（韩子昂收养的孤女）来到地面，盗用韩子昂的车卡开走了运输车，被警方逮捕。韩子昂赶来，救下了二人，却遭遇了木星引力引发的大地震。刘启一行在驾车逃往济南地下避难所的途中，运输车被队长王磊征用，用来运送重启行星发动机所用的"火石"。地震不断加剧，运输车被困，在逃生过程中，韩子昂窒息而死。刘启和妹妹遇到了一辆求援的运输车，救下了遇险的技术观察员李一一，于是会同队长王磊等人继续

往赤道方向运送"火石"。在人类的救援之下，所有被损坏的行星发动机和转向发动机都被修好，但是，地球却因为木星引力有遭遇解体的危险。危难之际，刘启和李一一想出了点燃木星的主意，想通过木星的爆炸冲击波帮助地球逃逸出去。无奈的是，行星发动机发出的离子束距离爆炸点还差5000公里，没法点燃。在国际空间站的刘培强知道了这一情况之后，说服了联合政府，毅然决然地驾驶着"领航员号"飞向了爆炸点。最终，刘培强牺牲，地球摆脱了木

星引力，"流浪地球"计划得以继续进行。

二、主题解读：选择希望

人类作为万物之灵长，与其他万物最主要的区别就在于人有思想、有信念、有感情。从某种意义上说，凡是生物都有生存意志，都渴望在与周围环境进行能量交换的过程中得以繁衍生存。人类的高明之处在于，当生存遭遇危机时，能凭借强大的信念支撑绝处逢生，哪怕只有万分之一的希望，也要拼死一搏。

在影片中，因为太阳的衰老膨胀，100 年内地球就会有被吞没的危险，人类遭遇了有史以来最大的生存危机。唯一的希望就是将地球推出太阳系，逃逸到 4.2 光年之外的星系去。只要有希望，困难再大人类也不会放弃，于是就有了"流浪地球"计划。为了实现这一宏大计划，人类倾尽全部资源，在地球表面建造了上万座行星发动机，为地球飞离太阳系提供动力。为保障地球航程安全，联合政府集结全球航天力量，耗时 30 年建造了"领航员号"国际空间站。当地球上的行星发动机因木星引力遭到破坏时，联合政府号召全球实施了"饱和式救援"。按电影里的数据，为了让 5000 多台行星发动机重新恢复工作，人类运送"火石"，派出了 40 多万支队伍，共计 150 万人参与其中，这样就把重新点燃发动机的可能性大大提高了。由此可见，为了那个近乎渺茫的生存的希望，人类可以不计代价。

对于整个人类而言，最重要的莫过于种族的延续；对于个人来说，最直接的动力则来自对家人、对家园的热爱。为了那个活下去的希望，英雄的个体自己可以死，但无论如何也要让家人活下去。

刘培强身在空间站，心里装的却是儿子刘启。当他发现主宰空间站的机器人莫斯想叛逃地球时，便开启了人工操作模式。无论如何他不能弃地球于不顾，因为地球上有他的家人，有他的儿子。当他知道莫斯并非叛逃而是想保留人类最后的文明时，他并不认同这所谓的"理性"，相比于逃离，他选择了仅有不足1%成功概率的点燃木星，只因为那地球上有他的家人，哪怕概率再小，他依然选择"希望"。最终，刘培强死了，但是，他的死却让那个缥缈的希望变成了地球生还的现实。他拯救了地球，拯救了人类，也拯救了地球上的家人。

影片中，透过韩朵朵之口，我们听到了那段话："希望是我们这个年代像钻石一样珍贵的东西。希望，是我们唯一回家的方向。"在刘培强选择点燃木星的时候，已经有专家团队计算了成功的可能性，因为概率太低，才选择了让人类在最后的时间里与家人告别，共赴死亡。在这个全世界绝大多数人都想放弃的时候，希望是多么弥足珍贵啊！没有了希望，地球就会万劫不复，所谓的地球文明就会永远消失。希望，才是唯一回家的方向。

同样选择希望的还有刘启。他原本可以驾车回家，但是却选择了运送"火石"。因为，他深知"皮之不存，毛将焉附"的道理，如果没有了地球，家也必将不复存在。当妹妹韩朵朵落入地震裂缝时，原本可以逃生的刘启毅然选择了跳下裂缝，因为他知道，只有他，才能让妹妹有活下来的希望。事实证明，

他做到了，在妹妹落地前，他抓住了妹妹，两人一起躲进了球形保护器中，虽然保护器落地时刘启险些身死，但妹妹却安然无恙。

每一个希望变为现实的过程中，都要有人为之奋斗，甚至会付出惨重的代价。刘培强为了守护希

望而死，刘启为了兑现希望而伤，无数人在"流浪地球"计划中丧生。但是只要还有一口气在，人类就不会放弃希望。

在人生的征途上，任何人都不可能一帆风顺。当我们遭遇困境的时候，是听天由命、放弃反抗，还是选择希望、直面困境，这是个值得思考的问题。选择了希望，可能会有失败，可能会有伤痛和牺牲，但那是生命存在的价值所在。放弃了希望，便意味着选择了黑暗，选择了沉沦。"星星之火，可以燎原。"假如在革命困难时期没有革命先辈选择希望，就不会有革命的胜利。关键时刻，选择希望，就是选择了光明。

电影对对碰

一、观影准备

1. 小调查。

（1）你可曾想过人类生存可能会面临哪些困境？设想一下，面对困境，人类将如何作为？

（2）任何希望要变成现实都离不开奋斗甚至牺牲。你知道哪些为希望奋争的例子？

2. 结合自身经历想一想，当你面临困境的时候，是选择放弃还是选择希望？结果如何？

二、电影沙龙

1. 围绕刘培强和刘启这对父子，影片讲了一件什么事？

提示：因为太阳衰老膨胀，将要吞没地球，人类不得已启动了"流浪地球"计划，要借助木星引力的弹弓效应将地球脱离太阳系，前往 4.2 光年之外的星系。为此，人类倾尽所有建成了上万台行星发动机，并用30年时间建成了"领航员号"国际空间站为地球伴飞。刘启4岁那年，爸爸刘培强前往空间站工作。17年后，刘启带着妹妹出了地下城，正好遭遇数千行星发动机停摆。为了重启发动机，阻止地球坠入木星，刘启应征加入了救援队。在人类的共同努力下，发动机修好了，但地球已经被木星捕获，面临解体的危险。危难之际，刘启等人想出了点燃木星的方法，想借助爆炸的反作用力帮助地球摆脱木星的吸引。几番尝试之后，地球上的发动机发出的离子束距离木星的爆炸点仍有5000公里。关键时刻，身在空间站的刘培强毅然决然地驾驶空间站冲向了爆炸点，为了守护地球、守护地球上的亲人献出了宝贵的生命。

2. 老师问："希望是什么？"班长回答说："希望是我们这个年代像钻石一样珍贵的东西。"韩朵朵开始不以为然，后来却深信不疑，为什么会有这种变化？

提示：韩朵朵从小生活在北京地下城，没看过外面的世界，不知道人类面临的困境，没经历过生死抉择。因此当老师问"希望是什么"的时候，她没有切身的体验，所以对班长的回答无动于衷，以为那个答案不过是一个美丽的矫饰。后来，韩朵朵随刘启来到地面，亲眼见到了被冰封的世界，又亲历了失去爷爷的痛苦，才知道了活着的可贵。但当时地球已经开启了坠入木星的进程，整个人类遭遇了有史以来最严峻的生存考验。这时候，人类生存的唯一希望就是点燃木星。尽管这希望得以实现的概率极低，但在别无他法的情况下，再渺茫的希望也聊胜于无。一旦没有了希望，人类就会坠入必死的深渊。所以，这时候，韩朵朵才真切感受到了"希望是我们这个年代像钻石一样珍贵的东西"。

3. 机器人莫斯计算出地球将被木星捕获的数据后，出于理性的考量，他选择了保留人类的文明火种。而刘培强却选择成功概率极低的点燃木星、挽救地球方案。对于这两种行为，你赞同哪一种？为什么？

提示：答案不是唯一的，言之有理即可。例如：应该说，从概率的角度讲，机器人莫斯的选择更为理性。但是正如刘培强所说，如果没有了人类，人类文明存在还有什么意义呢？在刘培强看来，再渺茫的希望也有实现的可能性，如果不赌一把，人类必将消失在尘埃中。因此，他选择了"希望"。百分之一的可能终究是可能的，如果不去尝试，就没有存活的机会了。最终，联合政府同意了刘培强的请求，说明整个人类最终也选择了"希望"。从情感的角度讲，本人更倾向于选择"希望"。假如无关人类存亡，为了避免更大的损失，我会像莫斯那样遵从理性的抉择。

4."流浪地球"计划分为五步，首先就是建好"行星发动机"和"赤道转向发动机"，通过开启"赤道转向发动机"，促使地球停止自转。但是，停止自转会导致超级海啸的发生，会有几十亿人死于海啸。你认为为了一个未知成功与否的"流浪计划"，死这么多人值得吗？为什么？

提示：从理性的角度讲，如果不实施"流浪地球"计划，地球会在100年内被膨胀的太阳吞没。届时，无一人能幸免。如果导致超级海啸的发生，那是无奈之举，假如有第二种选择，也不会这样做。但是，对于死亡的人来说，每一个人都是实实在在活生生的个体，谁都没有权利剥夺他们的生命。也许让他们自生自灭更人道一些。只是，如果那样做，就会错失逃离太阳系的机会。总之，这是一个集体与个体的利益抉择，难以两全。

5.为了那个"拯救地球"的希望，无数人在运送火石的过程中牺牲了，刘培强也牺牲了。这说明了什么？

提示：在将"希望"变为现实的过程中，会付出很大的代价，甚至因此而死亡。但是，"希望"总胜过"绝望"，"希望"总能带给人以力量，奋争过后，也许就能看到光明。人生本无意义，是行动赋予人生以意义。在选择"希望"的过程中，人生便有了生机和意义。

6.在生活中，你有没有在困境面前低过头？有没有选择"希望"的经历？

这部影片给你什么启发?

　　提示：根据自己的实际情况回答即可。越是切己越好，说空话没有意义。

　　7. 列举自己知道的"选择希望"的例子。

　　提示：这个题目意在引领学生通过更为丰富的例子来理解"希望"的要义，通常，成功者的案例中都含有"心怀希望"的要素。

拓展延伸

　　1. 阅读刘慈欣的经典科幻小说《三体》，进一步理解"希望"的重要性。

　　2. 观看影片《海神号》，感受人类的求生意志和"选择希望"的要义。

　　3. 以"我的'希望'"为题写一篇习作，可以写自己最大的希望是什么，为什么有这种希望，为了把希望变为现实你打算付出哪些努力。

破除心结，悦纳他人

电影《天上掉下个琳妹妹》

□ 刘会忠（山东省东营市利津县汀罗镇中心小学）

导演：徐耿

类型：剧情／儿童

制片国家／地区：中国

上映年份：2018 年

德育主题

逐渐摆脱以自我为中心，学会悦纳他人，是心理健康的重要标志，也是小学高段的核心德育目标之一。影片《天上掉下个琳妹妹》通过展现独生子张大林富有科幻色彩的生活经历，揭示了儿童逐步破除心结、实现个人成长的奥秘。观看这部影片，可以帮助学生走出以自我为中心的心理困境，学会接纳他人，实现自我成长。

电影赏读

一、情节回顾

课堂上，老师布置了一篇习作，题目叫《假如我有一个弟弟／妹妹》。独生子张大林为了完成作业，上网查找相关资料时，意外发现了一个可以满足愿望的网站，还能参与网站抽奖。张大林以为是故弄玄虚，就随手点击了"妹妹"选项，结果真的中奖了，第二天莫名其妙地出现了一个叫张小琳的妹妹。

张大林的亲妈因为车祸而死，尽管爸爸找的新妈妈对他很好，但他依然想亲妈。如今又莫名其妙地出现了一个妹妹来分享他的爱，大林自然非常抵触。尽管爸爸妈妈认定"妹妹"早就存在，但张大林知道这是爷爷家的机器人捣的鬼，于是在爸妈出门的时候报了警。当警察拿出他们一家四口的照片时，他才发现，周围的一切都变了，似乎这个妹妹不是突然出现，而是早就真实存在。

　　大林回到机器人那里，要"退货"。但是，当他看到这个小琳妹妹在帮自己解困时，有些犹豫了。半夜里，大林接到了可以"退货"的电话，正准备退掉"妹妹"时，小琳在睡梦中呼喊他的名字，一惊之下错过了"退货"时机。机器人告诉他，当他忘记"心愿礼物"这件事情时，妹妹会自然消失。

　　大林和小琳一起去上学，放学后下起了雨，大林忘记了妹妹的存在，独自上了车，当他回过神来回到学校时，妹妹已经被爸爸接走了。当爸爸批评他时，又是小琳为他解了围。大林对这个妹妹有了一丝好感，开始教她做作业。学校组织同学们去"太空王国"玩，因为爸妈有事，大林只好在家照顾妹妹。有了这次照顾，大林更加感觉到有个妹妹不错，心中的天平开始向妹妹倾斜了。小琳被老师推选为纪律志愿者，又怕管不住高年级学生，于是求大林帮忙。大林禁不住小琳哀求，就答应下来。兄妹俩在值周时，大林意外被同学撞伤，小琳因为心疼大林找出了违纪同学，让大林很是感动。当大林与爸爸吵架负气出走时，又是小琳及时赶来，为他解开了心结。

　　在小琳生日那天，大林和妹妹在家人的陪伴下去了游乐场，他已经忘记了小琳是"心愿礼物"这件事了，于是，机器人的话应验了，小琳妹妹在玩滑梯时永远地消失了。大林在心理上完全接纳了妹妹，于是在自家相框上留下了一句话：老爸老妈，给我生一个妹妹吧，名字就叫张小琳。

二、主题解读：打开心结，悦纳他人

成长的过程就是一个不断突破自我、超越自我的过程。在这个过程中，必然会涉及两组关系，一是个体与自我的关系，二是个体与他人的关系。从心理学的角度讲，如果一个人长时间处于自我中心阶段，只会从自己的立场与观点去认识事物，不能从客观的、他人的立场和观点去认识事物，就很难实现真正的成长。当下的小学生，一方面受制于心理发展的客观规律，另一方面因为独生子女现象的存在，很多孩子无论说话还是做事都以自我为中心，不懂得接纳别人，也就很难体验关爱他人所获得的内在成就感和满足感。这也是众多独生子女不能忍受父母生二胎的主要原因之一。按照弗洛姆的说法，所谓自我中心，并非自信自恋的结果，反倒是因为不喜欢自我和缺乏安全感的表现。正因为对自己不够满意，缺乏自信，所以才会害怕失去既得利益和关爱。这一点在影片《天上掉下个琳妹妹》中体现得非常充分。

影片中有个低年级小男孩，直言坚决反对父母生二胎，甚至以死相要挟。更为可笑的是，这个男孩子居然把自己扮成了女孩模样，以此阻断父母再要个女孩子的想法。表面上看，这个小男孩完全把自己当成了世界的中心，不能接纳别人。实际上，这个孩子严重缺乏自信，心灵深处充满了不安全感，生怕失去本属于自己的父母之爱。他不是通过发展自己让自己变得强大来度过危机，而是试图通过阻断竞争者的到来维系自己当下的地位。这种孩子并非少数，影片中班长做的调查显示，全班 31 位同学中，不希望有弟弟妹妹的有 19 人，无所谓的 5 人，而希望有弟弟妹妹的只有 7 人。由此可见，绝大多数孩子对二胎是非常排斥的。

影片中的主人公张大林对妹妹张小琳的到来起初也不欢迎。当这个妹妹出现的时候，他想到的第一件事就是向好友赵一男核实是不是在做梦；等核实无误后就趁爸妈不在的时候报警，想让警察把这个突然出现的妹妹带走；报警失败后，再向机器人求助，要求"退货"。这一波接一波的操作目的只有一个，就是让这个妹妹快点儿消失。张大林之所以如此，是因为相比于其他孩子，他的处境更为特殊。大林的亲妈因为车祸去世，虽然爸爸为他找的新妈妈对他很好，但是依然难以祛除大林心中的孤寂感，加上爸爸交流方式不够细腻，让大林更加想念去世的妈妈。本来就面临安全和爱的双重危机，如果再来个妹妹和他分享家庭的温暖，大林自然不能接受。这也从另一个侧面说明"自我中心"的实质是安全感的丧失。

要实现对自我的超越，悦纳他人，最好的方式就是与对方建立感情联系。建立感情联系的最佳路径不是从对方那里索取，而是在付出的过程中感受到"被需要"，从而确立个人的存在价值感。大林的经历很好地印证了这一点。

刚开始，对于张小琳的出现，大林并不适应。上学时，小琳要牵他的手，他极不情愿。放学时下起了雨，大林依然像往常那样独自坐车回家，等上了车才想起来还有个妹妹留在学校呢。妹妹生病了，大林放弃了去"太空王国"的机会，在家里照顾妹妹，本来是不情愿的，但看到妹妹对自己依赖的样子，那种做哥哥的成就感渐渐升腾起来。等张小琳在大林床上又蹦又跳的时候，大林心理的天平已经向妹妹倾斜了。当小琳不断请求哥哥和自己一起做纪律志愿者时，大林的保护意识被激发了，他内心是自豪的，因为终于可以以哥哥的身份给予妹妹指引和支持了。当他感受到来自妹妹的关爱时，当初的排斥感已经荡然无存，取而代之的是感动和接纳。在故事的高潮部分，大林因为和爸爸争吵，负气出走，独自去了妈妈出车祸的地方。原来，在大林内心深处一直有一种浓重的负罪感，以为是妈妈接自己打的电话导致了车祸的发生。这时，小琳及时赶来，告诉大林当时开车的不是妈妈，为大林解开了心结。到这个时候，大林已经忘记了这个妹妹是自己的"奖品"，只当是个真实的存在，彻底完成了"悦纳"之旅。

从心理学的角度讲，对别人的接纳，实际上是解除个人内心羁绊的过程。接纳别人之前，先得接纳自己。

在影片中，大林的继母对他一直很好，但是大林对这个妈妈的爱一直是不接纳的。继母对他越好，他反而越想自己已经死去的妈妈。为何如此？因为大林心中一直有个心结，误以为是自己害死了妈妈。

这个心结一天不解开，他就腾不出心理空间接纳来自继母的爱。当小琳告诉大林，妈妈的死和他无关后，大林才如释重负，接纳了那个"负罪"的自己。与此同时，也敞开了怀抱，接纳了来自继母的爱。

同样怀有心结的还有大林的爸爸。爸爸一直对爷爷不满，因为爷爷在奶奶死后卖掉了房子，让爸爸在想念妈妈的时候没有了寄托。实际上，在爸爸看来异想天开的爷爷一直在为满足老伴儿生前的愿望不懈努力。当爸爸理解了爷爷的所作所为后，心结也就打开了。

悦纳他人，既是对自己的救赎，也是对他人的救赎。对大林来说，接纳了这个妹妹，获得的不仅是个人的成长，还有来自继母的爱。同时，爸爸和妈妈可以放心地在不伤害大林的前提下再要一个两个人共有的孩子，实现自己对完美生活的追求，这才是个人成长对这个家庭带来的最大恩赐。

总之，悦纳他人先要有足够的心理空间，要拓展这个空间，就要不断破除内心的障壁。心与心的交流，可以帮助个人正视自己，感受到个人存在的价值，是悦纳他人的不二路径。

电影对对碰

一、观影准备

1. 小调查。

（1）在你的周围，对于父母生二胎这件事，有多少同学赞同？有多少同学不在意或反对？各自的理由是什么？

（2）假如你有一个弟弟或妹妹，你会作何感想？

2. 结合自身经历想一想，你与自己的家人、伙伴以及周围的其他人关系融洽吗？如果不融洽，是什么原因导致的？

二、电影沙龙

1. 影片中张大林对妹妹张小琳的态度前后有什么变化？是什么原因导致了这种变化的发生？

提示：对于张大林来说，张小琳的出现完全是个偶然，他自己根本没有足够的心理准备接纳这个突然出现的妹妹。所以，当张小琳出现的时候，他第一时间想到的就是要确认一下是不是在做梦。在确定自己不是在做梦之后，他决定趁父母不在家的时候亲自审问一番，在审问无果的情况下果断选择了报警。报警没有解决问题，他就向爷爷的机器人求助，要求"退货"，否决自己的中奖结果。由此可见，开始时，大林对这个妹妹很反感，不接纳。事情的转机发生在爸爸夺了大林的手机，要看他的通话记录时，小琳及时打来电话"救"了他，此举让大林对这个妹妹有了一丝感激。当小琳生病的时候，出于做哥哥的责任，大林尽己所能照顾妹妹。看着妹妹身体见好，并对自己的卧室充满了崇拜感，大林从妹妹身上获得了前所未有的自豪感和满足感，心理的天平开始向妹妹倾斜了。在帮助妹妹当好纪律志愿者的过程中，大林被意外撞伤额角，小琳心疼哥哥，找出了违纪者，让大林很是感动。至此，他已经有点喜欢这个妹妹了。当大林与爸爸吵架负气出走后，又是小琳及时赶来，为他解开了心结。这时候，妹妹张小琳算是彻彻底底地走进了大林的心里。

刚开始，张大林之所以对从天而降的琳妹妹心存排斥，是因为在心理上还没有做好当哥哥的准备。他还没有从亲妈去世的阴影中走出来，亲情的缺失让他缺少必要的安全感。在这种情况下，他害怕再出现个妹妹来分享本已残缺的家庭之爱。后来心理天平向妹妹倾斜是因为从照顾妹妹的过程中大林感受到了一种"被需要"的存在感，小琳对他的羡慕更让他有种自豪感，于是原有的心理上的不自信和无能感被消解，化为了接纳妹妹的动力。接下来的认同是因为在与小琳交往的过程中，大林的心扉逐渐被打开了，他从小琳那里获得了认同、理解和关爱。最后妹妹消失时大林极度不舍，是因为这时的他已经和妹妹建立起了情感联系，解开心结后的大林已经有足够的心理空间来容纳这个妹妹了。

2. 开始时继母对大林很好，为何大林并不喜欢这个妈妈？最后大林出走，继母找到他后，打了他一巴掌，母子俩反而冰释前嫌了，这是为什么？

提示：大林对继母的接纳过程，实际上是一个解开心结、超越自我的过程。在大林心里，一直有个秘密——以为妈妈出车祸是因为接听自己的电话造成的。

这种想法一直压抑着大林，成了他的病结。是这种负罪感让他屏蔽了来自继母的爱。当张小琳告诉大林，出车祸时妈妈并没有开车，因此妈妈的死和是否接听他的电话没有直接关系，大林的心结才被打开。这时候，继母赶来，因为过于担心大林的安危，对他不辞而别十分痛心，情急之下打了大林一巴掌。正是这一巴掌，把横亘在继母和大林之间的屏障打破了，因为只有亲妈才如此恐惧失去自己的孩子。惊醒之后的大林不再受原有心结的羁绊，彻底接纳了这位新妈妈。

3. 大林爸爸一直对父亲心存偏见，以为老爷子异想天开，生怕他把孩子带坏，后来为何改变了想法？你从中有何感想？

提示：一直以来，大林爸爸以为自己的父亲做事不着调，异想天开，生怕他带坏了自己的下一代，所以才不准孩子私下去爷爷那里。在影片的最后，老爷子道出了实情，原来，他之所以一直痴迷于发明创造，为此甚至不惜把房子都卖了，是因为老伴儿在临死前最大的愿望就是能坐上他自己制作的飞机。他对老伴儿念念不忘，所以把制作飞机当成了自己余生的目标。知道真相的大林爸爸恍然大悟。

由此可见，要打开心结，接纳对方，关键在于有效沟通。所谓"话不说不明"就是这个道理。

4. 影片中的小男孩坚决反对父母要二胎，声称"有他没我，有我没他"，甚至把自己扮成女生来阻断父母要个女孩的想法。对此，你怎么看？

提示：从表面上看，男孩这种想法太过自私，实际上，有其心理根源。"自我中心"是3—7岁儿童必经的心理发展阶段。这一阶段的孩子没有足够的经验理解周围的世界，只能从个人的内在需要出发去看待周围的事物，因此不可能做到换位思考。影片中的男孩也就一二年级的模样，心理上还处在"自我中心"阶段，出于原始的自保心理，自然难以接受弟弟妹妹的到来。按照弗洛姆的说法，所谓"自我中心"，并非自信自恋的结果，反倒是因为不喜欢自我，是缺乏安全感的表现。如果从这个视角看，影片中的这个男孩应该在心灵深处充满了不安全感，生怕失去本属于自己的父母之爱。他不是通过发展自己让自己变得强大来度过危机，而是试图通过阻断竞争者的到来维系自己当下的地位。这种现象的发生虽然说有其心理基础，但并不意味着不可改变。应该通过必要的陪伴和帮助孩子不断建立新的情感联系来超越自我，早日走出"自我中心"状态。

5. 你能接受一个弟弟或妹妹的到来吗？为什么？

提示：依据自己的实际情况进行交流。

6. 结合自身经历想一想，你与自己的家人、伙伴以及周围的其他人关系融洽吗？如果不融洽，是什么原因导致的？

提示：结合自身实际谈谈真实想法。借助影片找寻解决方案，真正解决自身问题，实现精神成长。

 拓展延伸

1. 观看影片《我的姐姐》，进一步理解"接纳"的意义。

2. 以"假如我有一个弟弟／妹妹"为题写一篇习作，谈一谈自己的真实想法，也可以写写观影后的感受。

打开心结，点亮心窗
电影《听见天堂》

□曹永军（山东省东营市河口区仙河镇中心小学）

导演：克里斯提诺·波顿

类型：剧情

制片国家／地区：意大利

上映年份：2006 年

德育主题

能够发掘自身潜力，学会积极创造，是实现人生价值的重要路径，也是小学高段的德育目标之一。影片《听见天堂》讲述了一个失明的孩子如何成为世界一流声音剪辑师的故事。观看本部影片，可以帮助学生理解创造的要义，激发学生积极创造的欲望。

电影赏读

一、情节回顾

影片《听见天堂》根据真实故事改编而成。主人公米可出生在意大利托斯卡尼的一个普通家庭，他拥有一双深邃的明眸，天性活泼好动，十分热爱电影，每周末都会同家人一起去影院看电影，他的志向是成为电影大师。然而意外发生了，米可因好奇心驱使踩着椅子去拿父亲挂在墙上的猎枪来玩耍，准备放回去时失足坠落，触发猎枪走火，伤及眼睛导致双目失明。在那个年代，意大利对于盲童就学有着严格的规定，只能到教会主办的盲人学校就读。无奈之下，米可的父母只得将米可送入盲童学校。初到盲校的米可极不适应，他讨厌打盲文，也不肯学编织。有一天，米可无意中听到了录音机里传出来的美妙声音，心中仿佛出现了一道亮光，他开始沉迷于收集各种

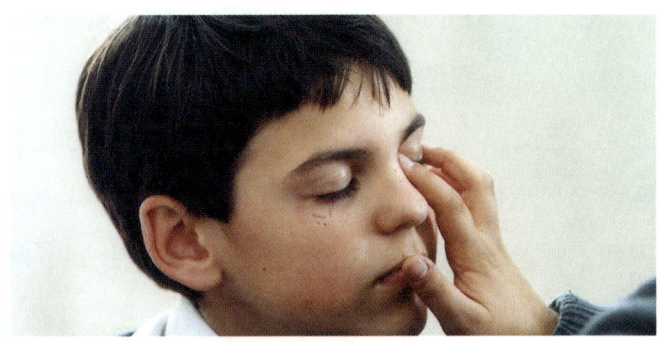

声音，然后再合辑到一起。然而，米可如此有创造性的举动在盲校校长看来，却是"不务正业"，要将米可赶出学校。但是，米可的创造性行为已经影响到了他身边的同学、老师，甚至钢铁厂的工人，于是大家联合起来，与校长抗争。最后校长只好让步，米可和他的小伙伴们得以用声音给家长上演了一场完美的汇报演出。

影片的结尾，当米可和孩子们用声音表演《十五个王子和公主》的故事时，场下所有的来宾、家长和老师都戴上眼罩，蒙上眼睛用耳朵去倾听，用心灵去感知。在这一刻，人们才发现，每个人都可以用自己的方式演绎生命的精彩。

二、主题解读：打开另一扇门，创造生命的奇迹

身体残疾，无疑是一件令人痛心的事情。但是，就像人们常说的："天无绝人之路。"人之所以生就多种感官，为的就是用不同的方式去感知世界。当一种感官被遮蔽或损伤的时候，其他感官必然会取而代之，变得更加敏锐。从这种意义上说，感官的残疾并非全然都是坏事。如果能发掘利用尚有的感官，用积极的心态去创造，同样可以书写美好的人生。

影片中，米可原本拥有一双明眸，却因意外变成了盲童。按照正常的推理，这是一个彻头彻尾的悲剧，米可的人生可能因此会变得像他的视觉一样黯淡无光，甚至漆黑一片。的确，刚刚丧失视力的时候米可确实难以接受，他不愿意参加玩伴的游戏，拽掉床单，粗暴地摔打点字板，以此来发泄心中的愤懑和不甘。但是，生性达观的米可很快就找到了自己的所爱——动听的音乐之声。他创造性地把各种声音剪辑在一起，营造出了各种不同的场景效果，

得到了伙伴们的认同和老师的赞许。从此一发不可收，最终成长为闻名欧洲的声音剪辑大师。由此可见，把现有的优势不断发扬光大，积极创造，残疾之人也能创造奇迹。

创造的过程就是心智成熟的过程，这个过程必然会经历各种坎坷。初到盲校的米可心情沮丧，意外发现了一个老旧的录音机，在摸索一番之后，知道了这台机子可以录音。但是，他并没有太在意，直到唐老师告诉他应该用多种感官感知世界，他才真正注意聆听周围的声音，并尝试着把它们录制下来。刚开始，他只是录制单一的声音，后来才慢慢发现用人工制作的声音代替自然之声同样可以营造出想要的效果。有了这个发现，米可脑洞大开，开始随心所欲地创造想要的场景。随着伙伴们的加入，米可的创造性被进一步激发出来。于是，就有了用嘴吹油漆桶模拟龙的怒吼声，用击打炊具模拟战场上兵器的碰撞声，用手中抖动的布料制作出呼呼的风声……米可的创造很快得到了大家的认可。在影片的最后，米可回到家乡，他不再孤独地坐在一旁看伙伴们游戏，而是主动地参与其中。这时的米可，已经接纳了自己，不再抱怨命运的不公了。由此可见，不但创造本身让生活充满乐趣，伴生的成功还会让人的心智变得更加强大，更加自信。

任何创造都不会无端发生，除了自身的努力，常常还需要他人的帮助。

初到盲校的米可对生活全无信心，是唐老师告诉他："我注意到音乐家在弹奏时，他们会把眼睛紧闭上，为什么? 这样可以感受到更强烈的音乐。音符会蜕变，变得更有力量，音乐仿佛变成具体的触觉。你

有五个感官，为什么只用一个呢？"唐老师的话给了困境中的米可以很大的启发，米可黑暗的生活里仿佛照进了一缕光，他开始在"声音"的世界里探索，并且乐此不疲。之后，又是唐老师发现了他在声音上的天赋，支持他用声音创造一幕精彩的舞台剧，让米可的人生彻底摆脱黑暗带来的束缚。可以说，唐老师就是米可进入声音世界的引路人。

同样给予米可帮助的还有小伙伴菲利契、女佣的女儿法兰丝和成年盲人艾瑞特。是菲利契帮助米可获得了大量的录音带，并和他一起录下了各种声音，最终通过剪辑录音带，完成了第一部作品——《雨过天晴》；是法兰丝启发了米可录制冒险故事的灵感，最终获得了众人的肯定和赞许；当米可的创造性行为引发以保守著称的校长的打压时，是艾瑞特组织工人罢工声援米可，让米可的人生有了转机，得以继续在盲校完成学业。如果没有这些人的支持和帮助，米可很可能早就成为既有体制的牺牲品了。

米可的成功固然是多种因素共同作用的结果，但最重要的无疑还是米可本人的努力和创造。就像哲学上讲的，米可自身的积极创造是内因，其他辅助性因素是外因，外因只有通过内因才能真正起作用。对每一个人来说，生活中时时可能遭遇意想不到的挫折。但只要梦想不破灭，我们都还可能创造出无限的可能。当然，我们更不能轻易地否定任何一个孩子，或许，我们的一个不当之举就会夺走他们生命中本有的希望和光芒。

电影对对碰

一、观影准备

1. 搜集残疾人突破身体局限取得成功的案例，思考他们成功背后的共性有哪些。

2. 尝试蒙上双眼感受周围的世界，看有什么发现。

二、电影沙龙

1. 有句话说得好："天无绝人之路。"结合影片中米可的事例，说说你对这句话的理解。

提示：这句话的意思是说，上天不会把人推到绝路上去。米可原本是个健康快乐的孩子，有双亲的宠爱，还有一双明亮的眼眸。但是，天有不测风云，他在玩弄一支来复枪时因意外走火而失去光明，视觉之门被关闭了。对米可来说，这绝对是灾难性事件，让他一度失去了生活的动力。然而，从另一方面看来，米可正因为失去了视力，才对声音变得异常敏感。在唐老师的引导下，米可选择了用耳朵代替眼睛，用自己敏锐的听觉去感知世界，创造性地用声音记录生活中的点点滴滴，最终成了世界著名的声音剪辑大师。

当然，从本质上看，这种成功并不是什么上帝的赐予，而是个人努力的结果。如果没有米可对电影的热爱，如果没有痴心不改的创造，上帝在关上一扇门的同时，另一扇也会被关上。

2. 米可的成功经历了哪些波折？你从中有何启发？

提示：米可的成功并非一蹴而就，而是经历了重重波折。最大的困境来自米可自身的沮丧乃至绝望。刚刚失去光明的米可无法接受自己失明的现实，他灰心丧气，连参加伙伴游戏的勇气都没有。进入盲校之后，米可一时难以适应黑暗的世界，变得暴躁不堪，他不愿意融入这个黑暗的世界，拒绝在点字板上写下盲文，甚至把点字板摔落地上。如果不是遇到了唐老师，米可有可能会在相当长的时间内失去方向，找不到自我。米可走向成功的第二大困境是周围环境对盲人的歧视。按照当时的法律规定，盲童不能随正常儿童一起就学，只能上专门的盲校。盲校的校长虽然也是一个盲人，但却视思想自由为洪水猛兽，以为盲人根本没有追求自由创造的权利。在这种环境下，米可富有创造性的举动被视为对权威的挑战，属于严重的违规，校长甚至要开除他。如果不是众人的力保，米可有可能从此辍学，彻底断送自己的前程。米可面临的第三大困境是因为录音带不足，不得已只能偷取学校的储备资源。被校长发现后，连录音机也被没收了。因为视觉严重丧失，他录制各种声音都要摸索前行，在黑暗中完成这一切，其难度可想而知。好在，这些困难都被他一一克服了。过程虽然充满波折，但是结局还算美好。

　　米可的经历告诉我们：好事多磨，要想取得成功，首先要破除自身的迷障，明确人生的方向。在此基础上，还要不断创造，不为困难吓倒。同时，环境对每个人的成功都特别重要，逆境会降低成功的概率。

　　3. 在米可成功的过程中，哪些人对他有所帮助？从中你又有何启发？

　　提示：在米可成功的过程中，给予他帮助最大的无疑是盲校的唐老师。当米可因视力几近丧失而苦恼的时候，是唐老师启发他用多种感官去感知世界；当米可被校长批评失去录音设备的时候，又是唐老师及时给他送去了录音机，帮助他继续走声音剪辑之路；当米可面临被开除的危险时，还是唐老师勇敢地站出来帮他实现了舞台梦。可以说，没有唐老师，就没有米可的成功。

同样给予米可帮助的还有小伙伴菲利契、女佣的女儿法兰丝和成年盲人艾瑞特。米可初到盲校时，是菲利契给了他友情，并帮助他及时获得了录音用的录音带；也是菲利契陪伴米可一路走来，完成了他的处女作——《雨过天晴》。女佣的女儿法兰丝增强了米可追求心灵自由的勇气，启发了米可录制冒险故事的灵感。在米可将要被校长开除的时候，是法兰丝找到了成年盲人艾瑞特，艾瑞特组织工人罢工声援米可，让米可的人生有了转机，得以继续在盲校完成学业。如果没有这些人的支持和帮助，米可很可能早就成为既有体制的牺牲品了。

由此可见，在成功的路上，个人的努力固然重要，他人的引领和帮助也是不可或缺的。

4.盲校校长认为放任盲人孩子追求所谓表达自我的自由，会让他们丧失学习技能的机会，以后会连生存都成问题。因此，自由对盲人来说是有害的奢侈品。对此，你怎么看？

提示：从现实的角度讲，校长这样想并非全然没有道理，毕竟，终究有一天，盲人也要走向社会，也要活下去，没有一技之长只会成为家庭和社会的拖累。他的错误在于，把表达自我的自由与学习生存之道放在了对立面。实际上，按照杜威的说法，只有当学生沉浸在感兴趣的活动中时，他的思维才会得到最好的发展。因为活动本身为学生提供了发现问题、解决问题的情境，让他们的多种感官都能参与其中，经验得到不断改组或改造，这才是成长的本质所在。如果像校长那样，把盲童们禁锢在他们丝毫不感兴趣的纺织或其他机械劳作中，生命只会黯淡无光，生存的意义感就丧失了。米可的例子再次证明，追求思想自由，做自己感兴趣的事，才是走向成功的最佳捷径。

5.米可和法兰丝还偷偷带着伙伴们去镇上电影院看了演出，盲童们看不见，他们为什么也能感受到极大的愉悦？

提示：正如唐老师所说，人感知世界的方式有很多种，视觉并非唯一方式。通过听觉和想象，盲童们也能感受到影片的精彩，从中获得精神的愉悦和享受。且没有了视觉的束缚，想象可以更加丰富恣意，从中得到的快乐不是视觉所能代替的。

6.设想一下，假如你遭遇不幸的变故，你将如何面对？

提示：学生可以依据个人理解畅所欲言。

三、趣味活动

1.蒙眼拼图。

蒙上眼睛，在画板的人脸上画出人的五官，体验盲人的感受，分组比赛。

2.辨音识人。

播放早已经录好的老师和同学的语音，让参与者判断，把答案写下来。

拓展延伸

1.阅读《假如给我三天光明》，进一步感受盲人生命中不一样的精彩。

2.结合影片内容，为电影《听见天堂》写一篇注解，要写明白这里的"天堂"指什么，为什么能"听见"。

心灵解放，复苏力量

电影《西游记之大圣归来》

□刘会忠（山东省东营市利津县汀罗镇中心小学）

导演：田晓鹏

类型：神话／动画

制片国家／地区：中国

上映年份：2015 年

 **德育主题**

能够正视自我，满怀信心地直面困境，是心理健康的重要标志，也是小学高段核心德育目标之一。电影通过富有创意的动画故事一层层揭示了"回归自我"的真谛。这种回归不是简单地重现往日既有的辉煌与成就，而是一个不断克服内心魔障，终获心灵自由的过程。心灵一旦获得了自由，力量就会相伴而生。观看这部动画片，可以帮助学生理解"回归"的要义，在正视自我的基础上实现对自我的超越。

 **电影赏读**

一、情节回顾

齐天大圣孙悟空大闹天宫后，被佛祖压在五行山下，其威猛形象却在民间广为流传。小娃江流儿自小便听父亲讲述齐天大圣的故事，对孙悟空无比崇拜。长安城内山妖横行，江流儿的父母在逃难过程中身死魂灭，唯剩江流儿随水漂流，被行脚僧法明救下，成了一名小和尚。

有一天，妖王为炼制仙药，派山妖到长安城内捉童男童女。善良勇敢的江流儿救下了被捉的童女，惹得山妖一路追杀。江流儿误打误撞，逃到五行山中，不经意间碰上了被佛祖封印的孙悟空。江流儿帮孙悟空解除了佛祖的封印，让他获得了自由身，完成了大圣回归的第一步。但此时的悟空并无法力，且佛祖的镇压已经在他心灵上留下了阴影，全然没有斗志。江流儿跟着悟空，希望他能送自己回长安，途中遇到了贪吃却善良的八戒和暴虐、浑噩的小白龙，二者早已威风不再。

妖王为了夺回童女，幻化出一家夜店。悟空等人遭伏击，将胜之际，妖王赶来，打败了悟空，夺走了丫头。江流儿请求悟空前去营救，但此时的悟空毫无自信和斗

志，拒绝了江流儿的请求。情急之下，江流儿只身前往魔窟去救丫头。江流儿走后，悟空极度痛苦，想起了江流儿对他的称道，大圣之心开始复苏，决心带八戒一同去救江流儿和丫头。

在魔窟中，悟空与妖王开始了生死之战。刚开战时悟空被动挨打，因见江流儿遇险，悟空战力陡增，与妖王平分秋色。妖王化身混沌虫，将悟空钉在山缝中，江流儿为救悟空，被压在乱石下。悟空误以为江流儿已死，悲痛欲绝，想起江流儿对他的信任，心底迸发出无限的力量，最终完成了巅峰战力的回归，秒杀了妖王，救下了众人。

二、主题解读：大圣归来的奥秘

孙悟空原本就是齐天大圣，无论战斗力量还是战斗意志都堪与天齐。被佛祖镇压后，经过五行山下四百多年的岁月，孙悟空失去的不仅是战力和自由，还有意志和自信。大圣归来，便意味着孙悟空要打碎一切施加于肉体和心灵上的禁锢，重塑无边的战力与意志。但是，这谈何容易。大圣回归，要

从一个名叫江流儿的孩子说起。他本是一个肉眼凡胎的小和尚，却因其独特的经历和个性成了大圣归来的动力之源。

江流儿自小就熟知齐天大圣的故事，对大圣有着无比的崇拜之情，总是幻想着能像大圣那样斩妖除魔。在江流儿看来，齐天大圣就是正义与力量的代表，有大圣在身边，就可以安心无忧。正是这份念力，让孙悟空一次次从江流儿那里看到了自己曾有的辉煌和存在的价值。可以说，江流儿就是点燃孙悟空生命之火的那根火柴，没有江流儿，所谓大圣，不过是别人眼中的"臭猴子"罢了。

江流儿勇敢而有活力，像极了当日的大圣。因为要躲避山妖的追杀，误打误撞，在五行山中碰上了被佛祖封印的孙悟空。江流儿无意中将孙悟空从冰封状态中解脱出来。这一切就像冥冥之中自有定数，当初孙悟空被佛祖用大手压在了五行山下，今天却需要一只小手来为其破除封印。冰凌退去，意味着身体复苏，由此开启了大圣归来的起点。也就是说，是江流儿用自己的小手按下了大圣归来的按钮。

身体复苏之后，醒来的孙悟空打碎了身上的锁链，在山中行走跳跃。但是，此时的悟空还没有摆脱佛祖对他的身体控制，佛祖的符咒还未解除，山神就是这符咒力量的化身。当山神赶来时，孙悟空险些被捉，关键时刻，还是江流儿动手，揭掉了山神身上的佛祖符咒，悟空得救。至此，孙悟空才获得了彻底的人身自由，实现了身体的彻底回归，完成了大圣归来的第一步。

获得身体自由容易，复苏战力和斗志才是最难的。正如前文所说，孙悟空被佛祖压了四百多年，他的自信和意志被摧毁了，他真的怕了佛祖。影片中有这样一个情节：江流儿和悟空在夜店留宿，当江流儿对大圣说，要好好念经，请求佛祖恢复悟空的法力时，悟空颇有忌惮，而后怅然地说："你这小屁孩啊，整天唠叨，如来老儿都被你唠叨烦了，这万一一发怒再给我罪加一等，那……"由此可见，悟空对佛祖是多么畏惧。此时的大圣，哪里还有昔日大闹天宫的胆量和勇气。事实上，佛祖的封印在江流儿揭掉的那个瞬间已经消失了。他手腕上那个腕箍，不过是他心灵桎梏的外显。我们且看大圣心灵的复苏是如何实现的。

刚从五行山下脱身的孙悟空脊背佝偻，毫无斗志，更像一个被吓坏的孩子。他想的只是要回到花果山，那是安全感缺失的体现。当江流儿提及他法力无边时，他是舒服的，有人崇拜自然是一件好事。但一旦江流儿问及他的金箍棒时，他便恼羞成怒了，因为自认为根本拿不出那根棒子。以此时的战力，即便有一根金箍棒，他也未必能拿得动。佝偻的脊背、溃散的斗志、逃避的心态，就是此时悟空的生动写照。

八戒的出现是大圣心灵复苏的第一步。落魄的八戒想在江流儿面前露一手，教训一下"孙猴子"，没想到被孙悟空轻松打败。虽然此刻的八戒没什么战斗力，但毕竟昔日曾经是天蓬元帅，这一战让悟空有了一丝自信，实现了由"野猴子"到"孙悟空"的蜕变。待小白龙以浑噩、暴虐的形象出现时，悟空虽然自知战不过，但还是勇敢地站在了江流儿前面，以瘦小的身躯直面庞大的龙体。此时的悟空，已经有了抗衡强大力量的勇气了。

在妖王幻化的夜店里，留宿的江流儿和悟空同处一室。当江流儿问及花果山有多远时，悟空说有十万八千里。江流儿不禁慨叹："我得走一辈子。不过，这对大圣来说也不算什么。"悟空一听来了劲头，兴奋地说："那是，俺老孙一个跟头就是十……"这是影片中孙悟空第一次称自己为"老孙"，这是多年前他一贯的自称。虽然话只说到一半就停了下来，但至少他潜意识中在慢慢复苏，仿佛自己在那一刻就是盖世的大圣了。但是这小火苗只燃了一瞬便熄灭了，他还是不敢相信自己真的能重回巅峰。当江流儿说让佛祖恢复他的法力时，悟空有几分畏惧和怅然，但也有了几分感动。正是这个他眼中的小屁孩时刻想着帮他重回巅峰。在夜店中，孙悟空以一人之力对抗群妖的围攻，哪怕被群妖打倒在地也毫不屈服，完成了战斗意志的初步回归。眼见江流儿被群妖追杀，悟空拿了一根竹竿杀向群妖，此时，他手腕上的铁箍金光一闪，手中的竹竿就像金箍棒一样威力无穷，打得群妖落花流水。到此刻，悟空的斗志和战力进一步复苏。

妖王赶来，打败了悟空，抓走了丫头。江流儿请求悟空前去营救，但此时的悟空自觉打不过妖王，颇为无奈，一再说："我做不到！做不到！"表面上，是妖王打败了悟空，实际上，那妖王就是悟空成圣的魔障。直到看到江流儿自己只身前往魔窟去救丫头，悟空听到了八戒的呼唤，想

起了江流儿对他的称道，悟空心中那个原本就有的大圣开始复苏了。在他决定带上老猪去帮江流儿救丫头的那一刻，他的战斗勇气和意志再增一分。

魔窟一战是悟空彻底涅槃重生的一战。开始时悟空没有丝毫优势，一路被暴捶。但看到妖王要去伤害江流儿和众童男童女时，悟空迸发出了一股巨大的力量，一把抓住了妖王的脚腕儿，将他扔了出去。此时的悟空不再是单纯被动地挨打，而是有了抗衡妖王的勇气和力量，与先前那个直言"我做不到"的悟空判若两人。最终，妖王被扔下了虚空，悟空为自己竖起了自信的大拇指，并把那个被江流儿视为保护神的大圣玩偶扔给了江流儿。到此为止，悟空已经找回了自信，只待战力回升便可完成回归。而最终的回归，需要更强大的外力来推动。因为外力越强大，越能引发同样强大的内力来抗衡。于是，妖王满血归来，江流儿险些身死道消，激发了悟空强大的斗志。悟空眼见江流儿垂下了那只小手，看到了遗落一边的那个大圣玩偶，不禁流下了眼泪。他把玩偶重新塞回到江流儿手中，直起了身躯，一步步踏上了虚空。瞬间，

山石化羽，一块巨石在燃烧，化作片片鳞甲附在大圣身上。大圣彻底归来了。他从耳朵里取出金箍棒，秒杀了妖王。顿时，天地一片清明，唯有大圣立于山巅，身形挺拔，稳如泰山，红色披风随风飘摇，一同摇曳的还有大圣头上那两根帅气的雉鸡翎。

综观大圣归来的整个过程，我们不难发现：大圣归来的过程，既需要外力的激发，同时也离不开自身的觉醒。前者是外因，自身觉醒才是关键。

从教育学的角度讲，每个人心中或多或少都有一个镇压自己的符咒，这符咒可能是先天的不足，可能是童年的阴影，可能是一次失败的经历，也可能是恶劣的生存环境。正是这一道道"符咒"溶蚀了我们的自信，消解着我们的战力，使我们没法真正做到"自我实现"。而每个人，从生命诞生的那一刻起，就是一个"大圣"，去除遮蔽，人人皆有成为"圣人"的可能性。要想实现"大圣归来"，离不开外界的助力，这个助力可能不大，但如果我们报之以桃李，自然会因之受益良多。当然，在回归之路上，会有妖魔挡道，会有魔王杀出。但只要有斗志在，有信念在，高山也会为你让路。

 电影对对碰

一、观影准备

1. 小调查。

（1）你对孙悟空有哪些了解？你认为孙悟空最重要的特质是什么？

（2）你认为一个身陷困境的人要想摆脱困境，需要哪些条件？

2. 结合自身经历想一想，在你成长的过程中，有没有压制你成长的因素？你觉得应该如何面对这些桎梏？怎样才能让自己的生命绽放出应有的光彩？

二、电影沙龙

1. 影片中出现了哪些主要人物？他们之间发生了什么事？

提示：影片中主要有江流儿、孙悟空、猪八戒、丫头、佛祖、山妖及妖王等人物。故事讲的是四百年前，齐天大圣孙悟空大闹天宫，被佛祖压在五行山下，拘禁其身体，禁锢其战力，摧毁其意志。四百年后，小和尚江流儿因救童女傻丫头被山妖追杀，误入五行山，帮孙悟空解除了封印，还了他的自由身。但孙悟空心有余悸，自信心全无，成了别人眼中一只普通的"臭猴子"，只有江流儿一如既往地崇拜他，把他当作自己的保护神。正是这份信任成了点燃悟空自信心的星星之火。因为江流儿对悟空有救命之恩，所以悟空虽然百般不情愿，但依然答应护送江流儿回长安。途中遇到了八戒和小白龙，前者贪吃，后者浑噩，都没有了往日的风采。江流儿的崇拜和善良一点点唤回了悟空对昔日

辉煌的向往。当群妖欲要伤害江流儿时，悟空以竹竿作棒扫灭群妖，俨然有了大圣的气势。这时妖王赶来，打败了悟空，抓走了丫头，让刚刚燃起自信的悟空再次认输。实际上，他还是不相信自己能战败妖王。江流儿求助悟空无果，只身去救丫头。悟空痛定思痛，终于决定直面妖王。在魔窟的打斗中，江流儿的勇敢和善良，深深触动了悟空，使他涅槃重生，实现了终极回归，一举灭了妖王，救下了江流儿一众。

2. 影片叫《西游记之大圣归来》，"大圣归来"究竟意味着什么？大圣的归来经历了关键的哪几步？

提示："圣"者，至高之修为者也。"大圣"既是悟空巅峰状态的称谓，也是至高修为的代称。"归来"即意味着曾经拥有，再次回归。二者合二为一，就是巅峰状态的回归。

被佛祖压在五行山下的孙悟空身体被拘禁，战力被禁锢，意志被摧毁。其回归的历程主要经过了两步：第一步是身体回归，分为身体复苏、打碎锁链、去除封印三个过程；第二步是精神（气韵／战力／自信）回归，主要分为在江流儿的信任与激励下于夜店月下想到当年的辉煌、在与群妖打斗中初现大圣风采、与妖王打斗中自信回归、看到江流儿"死去"后的终极涅槃重生四步。

3. 你认为在大圣归来的过程中，江流儿起到了怎样的作用？

提示：在大圣归来的过程中，江流儿就是居于核心的推动力。这种推动力来自江流儿对大圣的绝对信任、江流儿的爱心和勇敢以及江流儿对被守护的召唤。江流儿对悟空的绝对信任，构成了大圣回归的自信源泉；江流儿的爱心与勇敢唤醒了大圣的爱心和力量；江流儿的弱小唤醒了大圣的守护欲，直接衍生出滔天的力量。江流儿是强大的，不是战力的强大，而是精神的强大。他敢于面对困境，敢于揭下山神身上的符咒，敢于只身去魔窟救丫头，正是这种精神不断召唤着大圣。从这种意义上说，江流儿是精神层面的大圣。同时，江流儿是弱小的，战不过山妖，更打不过妖王。但正是这种弱小，才唤醒了大圣的强势回归，就像孩子能让父母更强大一样。总之，江流儿是大圣归来的助推者和召唤者。

4.影片中的大圣与《西游记》中的大圣有何不同？

提示：《西游记》中的大圣是猴、人、神的合体，是强大力量的象征。在影片中，大圣虽然取自《西游记》故事，但却是一个不同的故事。影片中的大圣更像一个凡人，有自己的敬畏，有自己的私心，但也有自己的坚守，他的感情是充沛的。其回归的历程在很大程度上是心灵涅槃的过程。每个人在成长中都不得不面对人生的惨淡，都应该像大圣那样有一个回归自我的过程。

5.佛祖的咒印不仅封印了悟空的身体，还摧毁了他的意志。在你成长的过程中或者在你知道的故事中，有没有类似的"符咒"，让你或你了解的那个人备受伤害，甚至彻底丧失了斗志和勇气？

提示：在生活中，经常有人会不满于自己的身材或颜值，或者受困于自己的家庭，或者因为幼年的灾难抑或一次重大失败而备受打击。所有这一切，都可以说是压在人身上的佛祖的"符咒"，让人难以翻身，甚至走向灭亡。

6.你觉得应该如何破除自身的封印，或者帮助别人破除自身的封印？

提示：我们应该像江流儿那样不怕困难，勇敢面对生活中的苦难，尽己所能去帮助别人、爱护别人。唯有正视自身，接纳自己，才能破除自身的封印，也只有真心关爱他人，才能唤醒他人的斗志，帮助他人实现自身的涅槃。

7. 应该如何看待影片中的群妖和妖王？

提示：影片中的群妖与妖王都是人心灵的阴影，也是每个人前行途中必须面对的困境。与妖对战的过程，就是克服困难的过程，也是克服自身心理阴影的过程。克服的困难越大，获得的自信心就越强。

 拓展延伸

1. 阅读世界著名魔幻故事《魔戒》，进一步理解"归来"的奥秘。

2. 观看影片《哪吒之魔童降世》，感受不一样的涅槃。

3. 以"××归来"为题写一篇习作，可以记事，也可以阐明自己的观点和看法。

（本文插图：山东省东营市胜利振兴小学　杨佳睿、邢雅勋、褚旭、褚夏、姚舒研、侯玉娜、吴依诺、于佳琪、杨欣茹、张可依）

倾听内心，追逐梦想
电影《寻梦环游记》

☐ 延惠芳（山东省东营市河口区仙河镇中心小学）

导演：李·昂克里奇／阿德里安·莫利纳

类型：动画／家庭／冒险

制片国家／地区：美国

上映年份：2017 年

德育主题

　　只有倾听内心的声音，不断追寻自己的梦想，才能让生命更加精彩，才能在岁月长河中少留遗憾。知道自己的需要所在，敢于追梦是心理健康的标志，也是德育的旨归。《寻梦环游记》通过讲述一个墨西哥小男孩在亡灵节经历的冒险故事，向我们展示了梦想与亲情错综复杂的关系。观看这部影片，可以帮助学生理解倾听内心声音的重要性，加深学生对梦想与亲情关系的理解。

电影赏读

一、情节回顾

　　墨西哥小男孩米格从小就酷爱音乐，把歌神德拉库斯视为自己的偶像，不仅会唱他的每一首歌，还对歌神饰演的电影了如指掌。在亡灵节那天，米格一心想要参加音乐演出，但自己的吉他却被祖母砸烂了。情急之下，他来到了歌神德拉库斯的墓地，取走了德拉库斯墓地的吉他。就在米格弹响吉他

的那一刻，他穿越时空来到了
人死后的灵异世界。

在灵异世界里，米格遇到
了自己死去的亲人。太祖母伊
美尔达希望他回到亲人身边，
但是米格却一心想得到歌神的
祝福，于是选择了逃离。在逃
离家人的过程中，米格遇到了
流浪汉埃克托，知道了肉体的
死亡并不意味着完全死去，人
死后可以在灵异世界中继续生
活，但是一旦被活着的人忘却，
就会烟消云散，不复存在。米
格想要得到歌神的祝福，埃克
托想让米格把自己的照片带回
阳世供奉，于是两个人一拍即

合，走到了一起。在埃克托的帮助下，米格得到了一把吉他，有了第一次上
台演出的体验。因为太祖母的到来，米格想要得到一张歌神音乐会入场券的
希望破灭了。他只能伪装进入歌神所在的城堡，如愿以偿地见到了歌神。出
乎意料的是，歌神不过是个杀人越货的骗子，被他毒死的埃克托才是自己的
太祖父，才是那个真正的音乐家。米格和埃克托被歌神的警卫扔进了地下泉，
关键时刻无毛犬丹丹带着伊美尔达和她的宠物爱波瑞吉出现了。真相大白后，
一家人在亡灵世界和解了。在太祖父、太祖母的共同祝福下，米格又回到了
人间。

回到人间的米格拿着太祖父埃克托的吉他跑回家，在曾祖母 COCO 的房间里弹着吉他，唱起了太祖父写给她的歌《REMEMBER ME》，唤醒了曾祖母深藏心底的记忆，埃克托在亡灵世界的生命得以延续。米格终于得到了家人的祝福，走上了音乐之路。

二、主题解读：倾听心声，追逐梦想

一个人只有倾听自己内心的声音，明白自己真实的需要，才能让自己的生活有意义。如果违逆自己的心声，则很难得到真正的快乐。只是任何追梦的过程都不可能是一帆风顺的，必然会遭遇这样那样的困境。

影片中，小男孩米格对音乐有着近乎本能的狂热，歌神德拉库斯是他的偶像。米格不仅会演唱歌神的每一首歌，还对歌神饰演的电影了如指掌。但是，因为家族经历的原因，家庭的掌权者祖母对音乐有着近乎本能的抵触，坚决反对家族中的任何人接触音乐，米格自然也不例外。面对来自家人的反对，米格并没有放弃，表面上米格顺从祖母的命令，私下里却躲在小阁楼里制作属于自己的吉他。他看着歌神抱起自己的吉他时，仿佛自己就是歌神一般。他一直听从歌神的教导："音乐不仅在我心里，音乐就是我的生命。无论人生多么艰难，我会弹吉他，无论他们怎么劝我循规蹈矩，我要顺从我的内心……梦想不是别人施舍的，我必须凭自己的努力去追逐梦想。坚持梦想，努力去实现梦想。"正是歌神的这些话不断在米格心中回荡，内化成了他克服困难的勇气和力量。他决心去参加亡灵节的音乐大赛。不幸的是，他的想法被祖母识破了，他精心制作的小吉他被祖母戳碎。但米格并不灰心，他无意中知道了歌神德拉库斯就是自己的先祖，更加坚定了圆梦音乐的决心。为了能得到一把吉他，米格闯进了供奉歌神德拉库斯的陵地，结果误入灵异世界。本来他是有机会马上返回人间的，但是为了圆梦，放弃了太祖母的祝福，破除重重困难找到了歌神，希望得到他的祝福。在得知歌神德拉库斯竟是杀人凶手时，米格毅然选择了与亲人站在一起，最终帮太祖母解开了心结，带着亲人的祝福返回了人间，完成了自己的逐梦之旅。

如果没有对音乐的热爱，米格很难实现自己的梦想。相比米格，音乐家埃克托的追梦之路更是曲折。对于埃克托来说，音乐就是他的生命。他想把自己的音乐带给所有的人，为此，他甚至抛下了自己的妻女。但是，终于有一天，他想起了自己的孩子，想起了自己的家园。于是，顺应心灵的呼唤，他选择了回家。不承想竟然为此丢掉了性命。无论是当初的离家远行，还是后来的选择回家，埃克托都是在倾听内心的声音，而非迫于外界的压力。

同样地，祖母偏执地认为只有做鞋子才是正道，也是依心而行。只不过，将自己的愿望强加于他人身上，哪怕出于一个美好的愿望，也不见得能带给他人快乐，米格就是一例。但是，至少祖母并无害人之心。如果因为一己之私，不择手段害人性命，便是十恶不赦的罪犯了。影片中歌神德拉库斯就是一个反面的例子。追梦本没有错，错在他把自己的梦想凌驾于别人的痛苦之上，剽窃他人的成果更令人不齿了。

由此可见，倾听心声，按照自己的兴趣生活，是幸福的源泉。但是，这种幸福不能以牺

牲别人的幸福为代价。对于一个有家室的人来说，就要充分考量梦想与责任的平衡。最完美的结局，莫过于让自己圆梦的同时，让家人也得到爱的满足。

 **电影对对碰**

一、观影准备

1. 查资料，了解墨西哥的亡灵节。

2. 思考：你最大的梦想是什么？如果在梦想和亲情之间做个选择，你会选择哪一方？

二、电影沙龙

1. 米格最大的梦想是什么？在追梦的过程中遭遇了哪些困境？他是如何克服的？结果如何？

提示：米格最大的梦想就是像歌神德拉库斯那样弹着吉他歌唱。他遇到的主要困境就是以祖母和太祖母为代表的家人的反对。面对祖母的反对，米格偷偷在小阁楼上练吉他，并借助在广场上擦皮鞋的机会感受音乐的美好。在误入灵异世界后，面对太祖母的诅咒，他选择了独自前往德拉库斯的基地，寻求对方的祝福。当知道流浪汉埃克托才是自己的祖辈时，为了救埃克托，他选择了放弃音乐梦想，接受家人的祝福。最后，知道真相的太祖母原谅了埃克托，无条件让米格重生了。重返人世的米格，唤醒了曾祖母对爸爸的记忆，得到了祖母的谅解，实现了梦想与亲情双丰收。

2. 埃克托生前为了自己的音乐梦想，舍弃了妻女独自远行，以至于太祖母在死后都不能原谅他，让他成了无家之"灵"。他最大的渴望就是"回家"。对此，你怎么看？

提示：人在梦想和责任之间总要寻求一种平衡。如果是单身汉，埃克托即便远走他乡也无可厚非，但是既然已经做了父亲，就应该担负起相应的责任。毕竟，仅为满足个人的梦想，把家庭的重担全部抛给妻子来承担是不可取的。为此，埃克托也付出了沉重的代价，不但生前没能见女儿一面，连死后也不能得到妻子的原谅。如果不是米格的到来，他可能永远见不到女儿，被所有人忘记，那才是终极的死亡。每年亡灵节，埃克托都想方设法回到人间见女儿一面，可见亲情对于一个人来说多么重要。最完美的结局，就是梦想与亲情二者兼得，若不可得兼，便要保持平衡，舍弃任何一方都是不可取的。

3. 同样是倾听内心的声音，为什么像德拉库斯那样为了实现个人的梦想不择手段会遭人唾弃？你想到了哪些相关的现象？

提示：倾听内心的声音，追逐个人梦想，本身并没有错。但作为一个社会人，在实现个人梦想的过程中，不能损及他人的利益，更不能杀人越货。德拉库斯嗓音洪亮，有表演天赋，他完全可以凭借自己的努力实现梦想。但是贪婪把他的心智蒙蔽了，他一心想得到更多，甚至把原本埃克托创作的歌曲也占为己有。他只想满足自己的欲望，却要剥夺埃克托对亲情的渴望，为达到目的不择手段，必然会遭受他人的唾弃。人，首先要做个有道德的人，然后才能谈及事业的成功。否则，必为人所不齿。

4. 米格在追逐梦想的时候与家人产生了冲突。如果你在追逐梦想的时候也与家人发生了冲突，该如何处理才能获得家人最大程度的支持？

提示：不要简单地认为自己一定是对的，也不要单方面认为家里人都是错的，同样的事物，在不同的阅历和年龄的人心中，理解肯定是不同的。作为一家人，我们既要支持正确的主张，也要规避大概率的风险，这些共识要在与家人互相沟通、互相理解的基础上达成。

5. 假如你现在没有方向感，不知道自己喜欢什么，你打算怎么办？

提示：引导学生讲自己的真实想法，明确培养兴趣的重要性。如果没有任何兴趣，就从参与各种实践活动入手，慢慢去发现自己所擅长的事情。

三、趣味活动

了解一下爱波瑞吉，用画笔描绘一下电影中的亡灵神兽。

提示：爱波瑞吉，是一种色彩鲜艳的墨西哥民间幻想的生物。根据墨西哥乡民的说法，它是灵魂引导者，可以带领人们走上正确的道路。

 **拓展延伸**

1. 设想一下，如果电影从埃克托的视角来叙述，应该增加哪些场景和环节？想好后，以"埃克托的离奇经历"为题写一篇习作。

2. 推荐观看影片《追风筝的人》，进一步加深对"倾听内心，追逐梦想"的理解。

第二板块

传统文化与家国情怀

技艺传承，守正创新
电影《毡匠和他的女儿》

□ 刘会忠（山东省东营市利津县汀罗镇中心小学）

导演：方军亮

类型：励志／家庭／剧情

制片国家／地区：中国

上映年份：2018 年

 **德育主题**

传统工艺是传统文化的重要组成部分，发现传统工艺之美，继承并发展传统工艺，使其更好地服务于现代生活，理应成为每一个青少年应有的意识，也是高年级德育目标之一。《毡匠和他的女儿》以其独特的视角，很好地再现了蒙古族女孩宝迪是如何把擀毡这一蒙古族传统技艺发扬光大的，为我们正确地看待传统工艺提供了一个窗口，有助于增进青少年对传统文化的情感，感受到新时代、新草原、新人物的独特魅力。

 **电影赏读**

一、情节回顾

宝迪就读于内蒙古草原上的克什克腾中学，是年级里画画最好的学生。宝迪的妈妈是一名剪纸绣花能手，爸爸巴特尔是草原上有名的毡匠。

巴特尔为人有几分固执，一心想把祖上传下来的擀毡手艺传给儿子嘎鲁。当嘎鲁感受到这门手艺得不到应有的尊重和经济利益后，远赴北京，过上了打工的生活。宝迪看到爸爸因为哥哥出走失魂落魄的样子，很是心疼，决定自己学习擀毡，帮助爸爸完成传承手艺的夙愿，却遭到了爸爸的拒绝，因为擀毡很费力气，且祖上有传男不传女的规定。宝迪不顾爸爸的反对，在老人潮尔齐和妈妈的帮助下，慢慢赢得了爸爸的谅解和支持，在爸爸的帮助下，做成了第一块毛毡。

宝迪从谷老师那里得知毡画并非一成不变，可以把自己认为好的东西加进去，于是就把自己的绘画天赋迁移运用到毡画制作中，让毡画焕发出勃勃生机，使得羊毛毡在实用性基础上格调更加生动活泼，具有了装饰效果。宝迪的这一创举得到了大家的一致认可，越来越多的人喜欢上了宝迪制作的毡画。

初二暑假，宝迪帮助爸爸用了二十天时间完成了一大间蒙古包的擀毡工作，并在羊毛毡上画上了不同的彩绘，被汉族经理夸赞为爸爸的形象代言人。在内蒙古自治区成立70年庆典上，草原上的游

客络绎不绝，宝迪的毡画得到了更多人的认可，订单不断。巴特尔希望宝迪能辍学帮他完成订单，遭到了宝迪妈妈和宝迪的一致反对。宝迪一气之下回到了学校。谷老师决定帮宝迪一把，就以家访为名，侧面教育了宝迪爸爸一通。

初三毕业时，宝迪以全旗第一的成绩考入了旗重点中学，并被自治区推荐参加了中央民族大学附中的选拔。嘎鲁从北京回来了，在网上开了个店，生意红火，供不应求。巴特尔在儿子的帮助下建起了自己的"老蒙古毡子坊"，巴特尔想通了，开始招徒弟，他再也不用担心自己的手艺失传了。

二、主题解读：技艺传承中的守正与创新

任何传统技艺，要想传承下去，都要有相对稳定的内核，否则就会异化抑或消亡。同时，如果做不到与时俱进，一味在传统的框架中打转转，就容易在时代洪流中迷失方向，甚至丧失其存在的价值。

在影片《毡匠和他的女儿》中，巴特尔是传统工匠的代表，他脾气有些暴躁，但擀毡子的时候却十分细腻，每一道工序都做得一丝不苟。他完全继承了祖辈的擀毡手艺，包括祖辈的训导也一并继承了下来，将之视为不可改变的准则。比如，毡画要用黑羊毛来做、只有男孩子才能做毡匠、家传的手艺不能外传等。正因为有了这些观念作祟，所以，当儿子嘎鲁决心放弃学习擀毡去北京谋生活的时候，巴特尔备受打击。在他看来，子承父业是天经地义的事情，嘎鲁的行为无异于逃跑。嘎鲁这一走，祖上传下来的手艺怕是要断在他手里了。当女儿宝迪要学习擀毡时，巴特尔坦言这门手艺"传男不传女"，不断拒绝女儿的请求。当宝迪要用画笔在挂毡上作画时，他说应该用黑羊毛作画。凡此种种，都可以看出，巴特尔在努力守着传统工艺的"正道"，生怕有了偏失。殊不知，这种守护随着时代的变迁已经不合时宜了，在一定程度上可以说有些迂腐。于是，原本的"守正"掺入了"守旧"的成分。

影片中的宝迪是传统工艺传承者的代表。宝迪聪明好学，擅长绘画，且富有爱心。宝迪心疼爸爸，想弥补哥哥嘎鲁出走给爸爸造成的缺憾，加之个人爱好，于是决心做一名毡匠。这条路并非一帆风顺，最大的阻力来自爸爸巴特尔的反对。巴特尔之所以反对，也并非仅仅出于传统的偏见，而是擀毡这活儿需要付出大量的体力，他怕女儿受不住。爸爸不支持，宝迪就趁爸爸不在的时候，自己偷偷学习擀毡子。但是因为方法不对，弹羊毛失败了，做

毡子也失败了。但宝迪并没有气馁，在潮尔齐爷爷和妈妈的共同帮助下，终于得到爸爸的支持。但擀毡子这活儿，看似容易，想做精致却不简单，需要经过多道工序。妈妈告诉宝迪：擀毡子第一道工序是养好羊，贡格尔草原生长着一百零八种草药，羊吃了，毛光滑柔亮又绵长；第二道工序是剪羊毛，剪羊毛有很多窍门，不熟练的人不但出毛量少，弄不好还会伤到羊的皮肤；第三道工序就是洗羊毛，把羊毛用河水洗干净，晾晒好；然后才是抽羊毛、弹羊毛。哪一道工序做不好，都擀不出好的毡子来。

由此可见，任何一种传统工艺都有一套相对完整的工序，每一道工序都有严苛的要求。要想传承传统工艺，就要从源头学起，了解每一步的具体做法，并在实践中不断内化。

有了家人的支持，宝迪终于做成了第一块毡垫子。但这也只是完成了对传统工艺传承的第一步。事实上，众多传统工艺之所以会失传，并不是品质问题，而是因为原有功能与社会需要相脱节，没有了市场。嘎鲁之所以出走，就是因为在擀毡子的过程中，他发现这种工艺的效率相比于机器生产是低效的，很难适应市场的需求。就如宝迪妈妈说的："现在住砖瓦房的人越来越多了，住毡房的人越来越少了，嘎鲁就是把你的手艺学会了，将来恐怕也没饭

吃。"巴特尔反驳道："这蒙古人靠什么生活？放牧。放牧没有毡房行吗？你见过谁家背着砖房走来走去的？"宝迪爸妈的言论看似各有道理，实际上都没有跳出实用性的圈子。在他们看来，毡子就是用来做蒙古包用的。一旦毡子的实用性受到冲击，这门手艺自然会走向衰落甚至消亡。

是宝迪独辟蹊径，在毡子实用性上附加了审美性，一下子拓宽了毡子的适用空间。宝迪是绘画高手。开始时，她一改传统的用黑羊毛在毡子上绘制图画的方法，改用画笔在毡子上作画，使毡子顿添几分活泼与生气，得到了用户的好评。后来，宝迪又将自己的水彩画和妈妈的刺绣融入毡画中，使得毡画兼备了传统与现代多重元素，更加漂亮且富有内涵。宝迪的毡画作品极大开拓了毡子的销售市场，巴特尔的订单很多。

这给我们一个很重要的启示，传统工艺要想在新时代得以保存甚至发扬光大，就要在守正的基础上不断加入新的元素，唯有如此，才能让老树发新芽。对宝迪来说，熟练掌握每一道工序，制作出匀称、结实、防潮性好的毡子就是守正，这是传统工艺的精魂所在，不能丢失；将绘画、刺绣融入毡画中，取代原来用黑羊毛作画的方式，在毡子的实用性上再加一层装饰性，大大拓宽了毡子的适用范围，这就是创新。守正传承的是品质，创新顺应的是潮流。守正与创新相结合，才是传承传统工艺的王道。

 **电影对对碰**

一、观影准备

1. 小调查。

（1）你对蒙古族的传统工艺有哪些了解？你认为要想继承和发扬传统工艺，需要从哪些方面做出努力？

（2）你知道哪些传统工艺面临失传的危险？为什么会出现这种情况？

2．思考：每一种传统工艺或传统文化都有其自身的魅力，你喜欢哪种传统工艺？有没有想过将其发扬光大？有哪些具体打算？

二、电影沙龙

1．嘎鲁为什么放弃了继续学习擀毡手艺，出走北京？从中可以看出传统工艺在传承上面临哪些困境？

提示：嘎鲁放弃擀毡手艺的原因并不是因为怕累，而是他从饭馆老板的反应中看到了传统的手工擀毡效率低，很难适应市场需求，再做下去，恐怕难以凭借这份手艺赢得他人的尊重，更难以过上自己想要的幸福生活。

由此可见，任何传统工艺在时代发展面前都不免会受到不同程度的冲击。传统工艺往往是口耳相传，是以师带徒来传承的。这种模式本身具有很大的局限性，无论是生产规模还是参与人数都无法和现代化机器生产相抗衡，很容易在市场竞争中败下阵来。唯有不断革新，传统工艺技术才有发扬光大的可能。

2．如何看待巴特尔对擀毡这门手艺的执着和对祖训的坚守？

提示：在巴特尔看来，擀毡是祖上传下来的手艺，不仅仅是一种谋生的手段，也是一份沉甸甸的责任。他要把这份手艺一辈辈传下去，否则就对不起祖宗。对于祖训，巴特尔像对擀毡这份手艺一样，充满了敬畏，不想去改变。他坚信祖训都是有道理的，比如，擀毡手艺"传男不传女"，毡画要用黑羊毛来做，等等。公允地说，祖训是在长期的劳动与生活实践中形成的，可以帮助后代少走许多弯路。但是，时代在发展，社会在进步，任何在既定环境中形成的经验都会受到环境的制约，如果不能与时俱进，就会在时代潮流中败下阵来。巴特尔最终答应女儿学擀毡，并开门收徒，从另一个侧面可以看出他并非顽固不化，只是有几分偏执。这种偏执源自他对传统手艺的热爱甚至迷信，对任何事物爱到一定程度都会产生偏执。

3. 为了把擀毡工艺传承下去并发扬光大，宝迪做了哪些努力？你从中受到哪些启发？

提示：从一名擀毡的爱好者到成为一名真正的擀毡高手，宝迪经历了一系列波折。巴特尔怕女儿宝迪受不了那份苦，所以开始坚决反对宝迪学习擀毡。宝迪只能趁爸爸不在的时候，偷偷跑进毡房练习弹羊毛、擀毡子。但是，由于缺乏指导，她糟蹋了不少羊毛，却没有成功。接二连三的失败并没有让宝迪丧失信心。老人潮尔齐告诉她，路要一步一步走，要想学好擀毡这门手艺，就得通晓各道工序。在妈妈的教导下，宝迪才知道了擀毡子实际上是从养羊开始的，而后要经历剪羊毛、洗羊毛、晒羊毛、抽羊毛、弹羊毛等数道工序，哪一道工序做不好，都擀不出好的毡子来。有了父母的支持，宝迪才第一次做出了毡垫子。在会做的基础上，宝迪并没有止步，她看到传统的毡画色调太单一，不够活泼，于是就用水彩画取而代之。后又将妈妈的刺绣融合进来，取得了让人意想不到的效果，赢得了他人和市场的认可。经过不断实践，宝迪终于将擀毡这门手艺发扬光大了。

从宝迪的经历可以看出，要想完成对传统工艺的传承与发展，必须具备三

个条件：一是热爱，二是坚持，三是创新。没有真正的热爱，仅仅为了谋生的需要或者满足祖辈的期望，很难与传统工艺产生精神上的共鸣，没有精神共鸣就难以获得高峰体验，就不能从中获得满足感和幸福感。没有精神参与的学习会成为一种苦役，不可能抵达大成的境界。学习任何一门手艺，都不可能一帆风顺，越是复杂的工艺越需要长时间的磨砺才能掌握其奥妙，没有坚持，就可能半途而废。最后，创新的重要性不言而喻。没有创新，传统工艺就难以在新时代、新阶段焕发新生机。

4.你对传统工艺有哪些了解？据你了解，哪些传统工艺面临失传的危险？

提示：每个民族、每个地区都有自己的传统工艺。这些工艺是无数匠人在实践中摸索形成的。传统工艺大致可以分为工具制作、饮食加工、建筑营造、雕塑、纺织、编织、金属冶炼、家具制作、印刷、刻绘等多种类型。随着时代的变迁，像捏面人、制作秤杆等很多传统工艺都面临着失传的危险。

5.你喜欢哪些手工艺品？打算为传承传统做点什么？

提示：可以根据自己的实际情况来说。

🎬 拓展延伸

1.观看影片《百鸟朝凤》，进一步感受在时代潮流的冲击下，传统艺人的坚守与无奈，增强保护传统文化的意识。

2.学习制作一件工艺品，在实践的过程中了解每一道工序，感受制作的乐趣。

努力拼搏，追求梦想
电影《旋风女队》

□彭纪娟（山东省东营市利津县汀罗镇中心小学）

导演：钟海

类型：励志／青春／梦想

制片国家／地区：中国

上映年份：2017 年

德育主题

　　敢于拼搏，勇于追求梦想是每一个青少年应具有的优秀品质，也是高年级德育目标之一。《旋风女队》以海南琼中女足的真实故事为原型，以轻松活泼的叙事风格为我们讲述了一群从未接触过足球的黎族女孩在一位落魄教练的带领下冲出大山走向广阔世界的故事。观看这部影片，有利于学生树立正确的人生观、价值观，鼓励学生在逆境中仍敢于追求梦想。

电影赏读

一、情节回顾

　　吴小丽从小热爱足球，她认为自己与众不同，坚信自己是为足球而生的女孩。可惜的是，15 岁那年，由于身高限制小丽无法继续留在足球队。因为心系足球，吴小丽决心找一份与足球有关的工作。不料自信满满的吴小丽却在面试中屡屡碰壁。一次偶然的机会，她发现报纸上刊登着黎寨小学寻找支教体育老师的信息，便瞒着父母毅然踏上了去金椰村小学的路。

　　金椰村小学地处海南山区琼中，那里的生活环境十分艰苦，单纯质朴的孩子们，没有见过外面的世界，更不知足球为何物。多数孩子连一双像样的球鞋都没有，赤着脚跑来跑去。初次接触足球，孩子们满眼兴奋，亦被吴小丽的球技所折服，但是一踢起球来，就像无头苍蝇一样乱作一团，毫无纪律

63

和规则意识，让吴小丽颇有几分无奈。学校的符校长是个负责任的老实人，他觉得在这种环境下想让学生通过踢球走出大山，希望太过渺茫。尽管如此，吴小丽并没有放弃带孩子们追求足球梦。

正当金榔村小学足球队步入正轨之际，来自林场中学的黄校长向吴小丽发出了比赛邀约，吴小丽骨子里不服输的劲头让她毫不犹豫地答应了这场实力悬殊的比赛。结果不出所料，缺乏比赛经验的村小队输了。此时的吴小丽万分自责，但执着的她再次向黄校长发出了比赛邀约，并得到了符校长的大力支持。

经过吴小丽的特训，孩子们重拾信心，适应了在艰苦条件下练球，学会了勇于拼搏，不轻言放弃。可惜的是，在与林场中学的比赛中仍旧未能胜出。但经此一战，吴小丽赢得了孩子们的心，赢得了校长信任，也赢得了村主任的理解与尊重。

在影片最后，金榔村小学接到县里通知，要成立女子足球队。在各方面的支持下，吴小丽克服重重困难组建了女子足球队，并在比赛中取得了胜利，带领孩子们走出了大山，走向了更广阔的舞台。

二、主题解读：努力拼搏，追求梦想

人活着不能没有梦想，有了梦想，人生才会有方向和动力。但是，梦想并不是与生俱来的，需要有人打开一扇窗，让阳光照进来，让人有机会看到事物美好的一面，才有机会把梦想的种子植入心底。

　　在影片《旋风女队》中，土生土长的山里娃并不知梦想为何物，是吴小丽老师用自己精湛的球技向孩子们展现了足球的魅力，才让孩子们有机会爱上足球。可以说，吴小丽就是这些山里娃开启梦想之门的引路人。正是因为有了吴小丽的专业指导，百竹的善跑敢拼、百欣的机敏善断才得到充分的发掘，让她们在球队中各司其位，相得益彰，开启了整个球队的追梦之旅。

　　然而梦想的实现从来都不是一帆风顺的，必然会经历各种困难与挫折，但只要努力拼搏、以梦为马，看似遥远的梦想终有一天会变为现实。

　　在影片《旋风女队》中，吴小丽自小喜欢踢球，也曾做过球队的主力，但是身高的限制让她的足球梦一破再破。可吴小丽就是不信邪，为了延续自己的足球梦想，毅然决然地来到满是泥泞的琼中山区为山里的孩子们当起了足球教练。她要向世界证明自己能行，但是让她没想到的是支教路上也是荆棘丛生。从未接触过足球的山里娃缺少规则和团队意识，为教育奉献一生的符校长认为吴小丽要带领孩子们踢足球走出大山的想法纯属异想天开，不可一世的林场中学黄校长更是对吴小丽的足球队嗤之以鼻，就连村主任也对吴小丽的能力产生了极大的怀疑。但吴小丽依然不改初心，她坚信事在人为。

在经历了第一次与林场中学足球队对战失败之后，吴小丽痛定思痛，带领孩子们进行体能训练，修建足球场，创新训练方法，教导孩子们克服恶劣的天气环境，将不服输、不气馁、勇于拼搏的精神发挥到极致。虽然第二次与林场中学足球队的对战依然以失败告终，但吴小丽不服输的劲头和孩子们在赛场上展现出来的拼搏精神赢得了众人的赞许，获得了来自外界的信任与支持。生长于大山的孩子们在吴小丽的引领下，找到了人生目标，她们勤练苦练，即便是在艰苦的环境中也依然勇往直前，不到最后一刻绝不放弃，她们最终登上了更广阔的舞台，见到了更广阔的世界。

梦想是热爱，是激情，更是责任。符校长坚守在海南山区教学第一线，是黎寨小学的守望者，他给予孩子们无微不至的关心，同时又殷切地盼望着孩子们能走出大山，所以在吴小丽教孩子们踢球时他十分生气，他不想耽误孩子们片刻学习时间，想让她们有更多的机会接受教育。为了孩子们，他肩负重任，甘于奉献，他的梦想是平凡的，也是伟大的。

梦想就是力量。因为梦想，生长于大城市的吴小丽甘愿来到偏远的黎寨小学支教。因为梦想，本就肩负生活重担的百竹愿意承受更多的辛劳，脚伤、头伤都不能阻止她前行的脚步。同样因为梦想，黎寨小学的孩子们懂得了什么是团结，什么是拼搏，她们帮百竹插秧，为的是让百竹重返球场。她们无惧风雨，不怕强敌，跌倒了也会再爬起来，这就是梦想的力量。

如果说追梦需要激情和理想，那圆梦则需要奋斗和奉献。追梦路上会遇到诸多坎坷，只有敢于面对，努力拼搏，甘于奉献，才有可能梦想成真。

 **电影对对碰**

一、观影准备

1. 借助网络了解"琼中女足"的精彩事迹。

2. 结合自身经历想一想，如果你在追梦的过程中遇到了挫折，你会怎么解决？

二、电影沙龙

1. 吴小丽在追逐梦想的过程中遇到了哪些挫折？她是怎样克服的？

提示：吴小丽从小就酷爱足球，自言为足球而生，一踢就是十几年。但是15岁之后就不再长个，身高断送了她进入高一级足球队的可能。这是她足球梦遭遇的第一重挫折。长大后的小丽想找一份与足球相关的工作，但无数次面试都以失败而告终。于是，小丽经历了第二次挫败。但是生性倔强的小丽毫不气馁，为了圆梦，她选择了到海南琼中黎族小学去支教。山里的孩子从未接触过足球，不知足球为何物，要组建一支训练有素的足球队难度可想而知。更要命的是，外界对于吴小丽带领足球队走出大山的想法并不认同，来自各方面的质疑让吴小丽倍感压力。但吴小丽依然不改初心，她坚信事在人为。为了提高孩子们的对抗能力，吴小丽带领孩子们跑山路，练球技，自建简易足球场，不断创新训练方法，终于在与强队的对抗中踢出了精神，踢出了志气，踢出了自信，赢得了外界的信任与支持。当县里想组建女子足球队的时候，吴小丽的足球队终于应运而生。最终，吴小丽带着这些山里娃踢出了成绩，实现了走出大山的梦想。

2. 如果没有吴小丽的到来，这些大山中的孩子前途如何？你对此有何感想？

提示：这些山里的孩子，在吴小丽到来之前，走出大山的唯一出路就是考上高一级学校。且不说这概率不高，就算是有机会，按照大多数黎族家长的观念，女孩子的本分就是种地、生娃娃，没有家长的支持，绝大多数女孩子命中注定走不出大山，最大的可能是没上中学就回家种田了。所谓"梦想"对山里的女孩子来说，只是奢侈品罢了。吴小丽的到来就像一束光照亮了孩子们的世界，让孩子和家长们都看到了改变命运的另一种可能。梦想的种子一旦种下，就会爆发出强大的力量。山里孩子吃苦耐劳的精神加上吴小丽的专业化指导，使这些质朴的孩子很快在足球运动中找到了自己的位置，在短时间内就取得了骄人的战绩，为她们走出大山奠定了坚实的基础。

由此可见，梦想不是自然发生的，需要有人召唤和引领，才能真切感知某种事物的魅力所在，并为之梦绕魂牵。在实现梦想的过程中，个人努力固然重要，专业化的指导也是不可或缺的。教育的目的之一，就是创造机会让每个孩子发现自己的兴趣所在，帮助他们实现自己的梦想。

3. 如何评价符校长这个人？

提示：在吴小丽到来之前，符校长一个人承担了黎寨小学各个年级的全部教学任务。在学校里，他是校长，是老师，是班主任，也是炊事员。可以想见，这是一种怎样的状态。符校长老实诚恳，教学水平高，甚至还能说流利的英语，这对于山区老教师来说是极为难得的。符校长对高年级学生要求很严格，教学上可以说是争分夺秒，为的是让孩子们多学点东西，有机会考上更好的中学，因为这是她们走出大山的唯一机会。可以说，在那个小山村里，符校长就是黑暗中的荧光，虽然不甚明亮，但总能带给人希望。看他的年纪，应该是在这个山沟沟里教了一辈子学，这样的人虽然默默无闻，却是实实在在的最美的人，他把自己的梦想埋在了山里，成就了一个又一个他人，自己却一天天老去。

4. 在影片中，梦想改变了谁？梦想的力量有多大？

提示：梦想的力量是无穷的。梦想改变了山里的孩子们，不仅让她们多了一种走出大山的可能性，还让她们知道了互助，懂得了拼搏。梦想支撑着吴小丽走进了山区，在帮助山里孩子走出大山的同时也成就了自己，让自己成为那个上了报纸的人。梦想还改变了金榔村的村民，让他们看到了女孩子可以有不一样的命运，看到了生活的希望。

5. 结合自身经历谈一谈你在追梦的过程中遇到了哪些挫折，你是怎么解决的？

提示：可以根据自己的实际情况来说。

 拓展延伸

1. 尝试着给吴小丽写一封信，谈谈自己的想法和感受。

2. 推荐观看影片《夺冠》（本套丛书第4册详细分析了这部电影），进一步理解梦想与拼搏的关系。

列车滚滚，磨难重重
电影《惊心动魄》

□刘会忠（山东省东营市利津县汀罗镇中心小学）

导演：王珈／沈东

类型：剧情

制片国家／地区：中国

上映年份：2003 年

德育主题

　　无论国家还是个人，在发展过程中都难免会遇到这样那样的困境。面对困境，有骨气的中国人向来都是敢于斗争、迎难而上的。作为青少年，只有积极汲取传统文化中的精华，在困难面前不怕苦、不畏难、不惧牺牲，才能在新时代新征程上披荆斩棘、奋勇前进。《惊心动魄》以抗击"非典"疫情为背景，精彩再现了以杨萍和梁文勇为代表的抗疫英雄面对疫情迎难而上的感人事迹。观看这部影片，对于感受"抗疫"精神，培养青少年不怕困难、坚韧不拔的品格具有重要意义。

电影赏读

一、情节回顾

　　2003 年，"非典"疫情暴发之际，某市工地一名疑似病例在就诊过程中突然失踪，引发省长高度重视。为了避免疫情扩散，省长要求务必切断传染源。军医杨萍临危受命，在母亲病危之际，乘坐 1120 次列车前往疫情一线开展救援。恰巧，那名失踪的疑似病号也在这列火车上。杨萍得知情况后，毅然站出来，在列车长和乘警长的帮助下，很快找到了"非典"疑似病人，并将他安全护送到了车站救护点。一场危机暂时解决了，列车继续前行。

　　没想到，车上又相继出现了多例发烧病人，疫情开始在列车上蔓延，人们刚刚放松的神经又一次紧绷起来。更要命的是，随着卖口罩的商贩在列车上不断散播有关"非典"病人的消息，车上乘客陷入了焦虑和恐慌之中，人人自危，甚至有人取下行李想强行下车。危急时刻，列车长向大家说明了实情，许诺上级一定会采取措施最大限度保障乘客的安全。为了防止疫情扩散，铁道部部长亲自和省领导通电话，要将列车提到时速 150 公里，其他所有列车都要为 1120 次列车让行。

就在杨萍全心救治病患的时候，传来母亲病逝的消息。杨萍怀着悲痛，继续投入到工作中。因为有病人出现呼吸衰竭，急需呼吸机，省疫情指导专家梁文勇主动请缨，冒着风雨乘坐直升机到飞驰的列车上运送急需药品和呼吸机，并火速投入到救治危重病人的行列。因为暴风雨的袭击，铁路前方有树木被刮倒，列车被迫停了下来。一时间，被"非典"疫情吓坏的乘客纷纷从车窗跳出，试图早一点离开这个是非之地。暴风雨中，杨萍苦口婆心地劝说大家破除恐惧，担起责任。列车长也做工作，将乘客劝回了车厢。道路被疏通后，列车终于按既定时间抵达了目的车站，全部乘客都得到了有序安置。

二、主题解读：直面困境，百折不挠

习近平总书记在《在全国抗击新冠肺炎疫情表彰大会上的讲话》中提到："一个民族之所以伟大，根本就在于在任何困难和风险面前都从来不放弃、不退缩、不止步，百折不挠为自己的前途命运而奋斗。""中华民族能够经历无数灾厄仍不断发展壮大，从来都不是因为有救世主，而是因为在大灾大难前有千千万万个普通人挺身而出、慷慨前行！"这既是对中华民族伟大精神的概括，也是对每个奋斗者由衷的夸赞。影片《惊心动魄》充分展示了在特定环境下中国人民生命至上、举国同心、舍生忘死、尊重科学、命运与共的伟大抗疫精神，谱写了一曲抗疫英雄直面困境、百折不挠的赞歌。

影片中给人印象最深的是军医杨萍。杨萍的妈妈也是一位军医，是第一位因参与"非典"抗疫而牺牲的医生。当上级号召医护人员赶赴抗疫一线的时候，杨妈妈已经染病。作为一名军人，在私情与大义面前，杨萍毅然决然地选择了做一名"逆行者"。在1120次列车上，面对突发的疫情，杨萍勇敢地站出来，担负起了救护职责。她并不是不知道"非典"的可怕，但是，作为一名军医，她知道自己的责任就是为车上的乘客筑起一道安全的屏障。当她得知妈妈离开人世的消息时，内心亦悲痛万分，但是大疫当前，她就是病人的希望。于是，我们看到一名军人重新冲向了没有硝烟的战场，与病魔展开殊死的搏斗。习近平总书记说："世上没有从天而降的英雄，只有挺身而出的凡人。"杨萍本是一名普通的军医，但从她身上我们却看到了一种不怕苦、不畏难、不惧牺牲的精神。

同样让我们敬佩的还有省特派专家梁文勇。军人出身的梁文勇，身上有一种不怕困难、敢于迎难而上的精神。1120次列车上有病人急需呼吸机救命，为了避免疫情扩散，列车不能停下来，唯有通过直升机空降才能将呼吸机送到列车上，人要空降在飞驰的列车上难度更大。梁文勇明知此去风险很大，却毫不犹豫地主动请缨。当时正值狂风暴雨，加大了空降的难度。但是，再大的困难也压不垮梁文勇的顽强意志。正是有了梁文勇的加入，呼吸困难的患者才从死亡线上被救了回来。

沧海横流方显英雄本色，大疫面前更见遍地英雄。正是有了无数个杨萍和梁文勇，我们的家园才免遭病毒的荼毒，我们的人民才免于遭受更大的损失。

当然，独木不成林，克服困难还需要大家的团结协作，更离不开党和政府的统筹指挥。如果没有铁道部和省领导的统一调度，1120次列车上的疫情就很难得到有效控制；如果没有列车长、乘警长和临时组建起来的军人团队，单凭杨萍一己之力也打不赢这场疫情阻击战。

中国人历来抱有家国情怀，崇尚天下为公、克己奉公，信奉天下兴亡、匹夫有责，强调和衷共济、风雨同舟，倡导守望相助、尊老爱幼，讲求自由和自律统一、权利和责任统一。在这部影片中，这种家国情怀表现得淋漓尽致。列车上的军人，在疫情面前一个个挺身而出，对他们来说，疫情就是命令，人民有难，自然不惧生死，冲锋在前。列车上的乘客，绝大多数人在杨萍等人的感召下，都能够以大局为重，自觉担负起属于自己的那份责任。这就是对"众志成城"的最佳诠释。正是有了这股凝聚人心、汇聚民力的强大力量，我们才有了战胜一切困难的底气和勇气。

总之，要克服困难，从个体层面上，需要勇气、能力和担当；从社会层面上，需要大家团结一致，严格自律；从国家层面上，需要以民为本，协调各方。作为青少年，要善于在直面困境中历练自己，在平凡中铸就属于自己的辉煌。

电影对对碰

一、观影准备

1. 小调查。

（1）你对 2003 年发生在中国大地上的那场"非典"疫情有哪些了解？

（2）2020 年前后，新型冠状病毒肆虐全球，你知道哪些感人的"抗疫"故事？

（3）在你看来，中国之所以取得了疫情防控的决定性胜利，是因为有哪些因素支撑？

2. 在成长的过程中，你遭遇过哪些令你难忘的困难？面对困难你采取了哪些措施？效果如何？

二、电影沙龙

1. 依据下面的提示，简要回顾影片的主要情节。

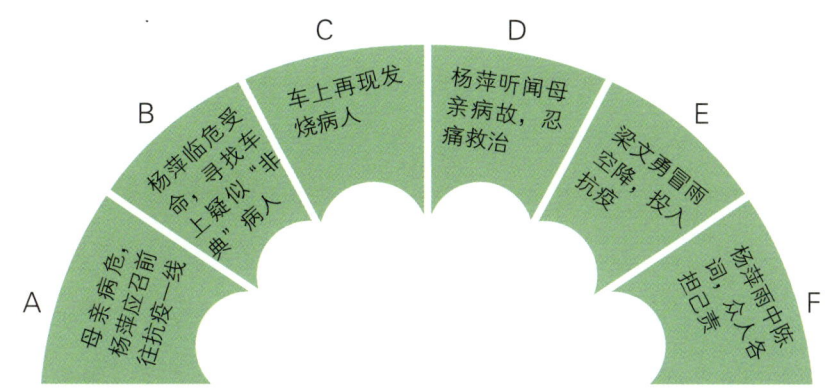

C 车上再现发烧病人

B 杨萍临危受命，寻找车上疑似"非典"病人

D 杨萍听闻母亲病故，忍痛救治

E 梁文勇冒雨空降，投入抗疫

A 母亲病危，杨萍应召前往抗疫一线

F 杨萍雨中劝阻众人各归己素

提示：2003年"非典"肆虐期间，军医杨萍积极响应上级号召，奔赴抗疫一线。在列车上，当得知列车上可能有疑似"非典"病人时，她主动担负起了寻找病人的重担。很快，病人被找到，送下了火车。但是，列车上又有发烧病人接连出现。为了防止疫情扩散，列车提速至150公里，中途不再停车。随着疫情蔓延，车上乘客情绪出现波动，列车长及时给予安抚。正在工作的杨萍听到母亲病故的消息，十分悲痛。但当听到有病人呼吸出现衰竭时，她又强忍悲痛投入了救护工作中。因为车上医疗物资匮乏，省特派专家梁文勇主动请缨，乘坐直升机前往疾驰的列车上投送医疗物资，并空降在列车上，与杨萍一起抗疫。因天降暴雨，铁路被歪倒的大树阻断，列车被迫暂停，车上乘客伺机下车，准备逃离。杨萍在暴雨中对众人动之以情，晓之以理，终于把众人劝回了车厢。在大家共同努力下，列车顺利抵达目的车站，所有人都得到了有序安置。

2. 要切断列车上的传染源，最大限度预防疫情扩散，会遇到哪些困难？在影片中，这些困难是如何被克服的？

提示：从整体上看，影片中的事件目标指向就是切断传染源，预防疫情扩散，在此基础上，积极救治病患。阻碍实现这一目标的困难大致有以下几个：一是火车上没有配备专业的医护队伍，一旦出现病情无法在第一时间展开救治；二是病患不肯主动配合，有的还刻意躲避，增加了甄别难度；三是空间密闭，容易造成交叉感染；四是车上乘客出于自身安全考量，一旦车上检查出有"非典"患病者，容易出现恐慌情绪，万一下车，容易造成疫情大面积扩散；五是车上医疗物资有限，如果出现严重病患，没有相应的药品和设备支持；六是沿途停靠点多乡村和山区，不具备停车就地隔离、救治病患的条件。

以上困难被一一克服，首先得益于我们有一个一心为民的政党的坚强领导。"非典"疑似病人失踪后，省最高行政长官于第一时间指示一定要切断疫情传播源，不惜一切代价找出失踪的"非典"疑似病人。正是在这一指示下，各个客运单位才展开了拉网式排查，最终在1120次列车上锁定了失踪的疑似病人。当得知列车沿途所经之地多是乡村和山区，不具备隔离和救治条件时，交通运输部指示，沿途所有车辆都要为1120次列车让路，将火车时速提升至150公里，以便能尽快到达救治点。这需要铁路交通部门统筹协作，稍有差池，就可能酿成交通事故。为了往行驶的列车上运送医疗物资和人员，省长还联系了军区派来了直升机。由此可以看出，打赢这场没有硝烟的战争，需要全社会统一协调，共同发力。如果没有一个强大的政党来领导，没有生命至上的理念做支撑，要做到这一点是很难的。

其次，要有人敢于在危难之际挺身而出。影片中以杨萍、梁文勇为代表的医务工作者就是舍生忘死的抗疫代表。他们不顾个人安危，敢于迎难而上，以生命赴使命，用大爱护众生。另外，列车长、乘警长和乘客中的各类军人、铁路工人等也是抗疫的中坚力量。正是有了他们，才构筑起一道坚实的防疫之墙。正是有了这支防疫力量，失踪的"非典"疑似病人才在短时间内被找到，短缺的医疗物质才及时得以补充，乘客的焦虑恐慌才得以及时纾解。

最后，尊重科学是突破困境的法宝。"抗疫"的胜利离不开科学决策，省长关于"一定要切断传染源"的决策是基于科学做出的正确判断，没有这一指示，国家和人民都会付出更为惨重的代价。列车上，及时组织测温，为患病者和密切接触者建立临时隔离区等都是基于科学做出的有效举措。没有这些举措，疫情就很难在第一时间得到有效控制。

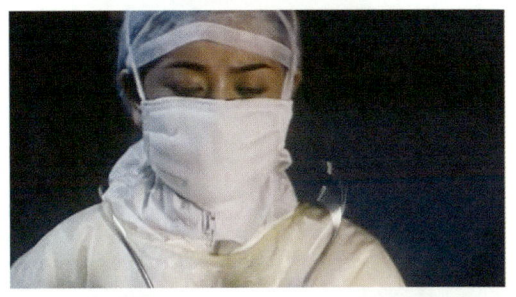

有了以上三点做保障，困难就得以一一破解了。

3. 你如何评价军医杨萍？

提示：杨萍是一名军医，杨萍的妈妈也是一名医生，而且是一名勇于

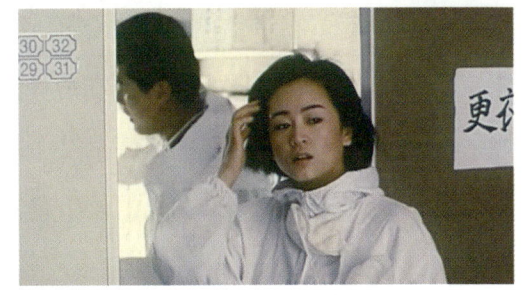

面对困难、冲在抗疫第一线的医生。因为抗疫杨妈妈倒下了，但她的精神无时无刻不在激励着杨萍。这样我们就不难理解杨萍其后的行为了。正是母亲的榜样力量让她在国家和人民最需要的时候敢于挺身而出，紧随妈妈再次踏上了抗疫的征途，以"明知山有虎，偏向虎山行"的盖世气概诠释了医者仁心和大爱无疆的内涵。在1120次列车上，杨萍得知车上可能有"非典"疑似病人时，主动挑起了寻找病人的重担，明知此事危险却义无反顾。当病人需要插管时，她用严厉而爱护的态度呵退年轻的小护士，自己承担全部的危险，这是多么勇敢的行为啊！暴风雨中，眼见乘客想弃车而逃，杨萍动之以情，晓之以理，不但稳定了大家的情绪，也用自己的行动感染着众人，让人们从恐惧中站直了腰身，

自觉担负起属于自己的那份责任。这就是榜样的力量！习近平总书记说："世上没有从天而降的英雄，只有挺身而出的凡人。"但是，正是那一个个像杨萍那样的凡人，在困境中成就了他人，也完成了属于自己的英雄涅槃。杨萍，以其不畏难、不怕死的精神书写了壮丽的青春之歌。

4. 看过本部影片，你对直面苦难有了哪些新的理解？

提示：我们经常祝福别人"一帆风顺"，之所以如此，就是因为人不可能凡事一帆风顺。困难对于每个人来说都是必须面对的一关。对于困难，有两种不同的态度：一种是消极回避，一种是积极应对。前者并不能让困难消失，危机并不能得到实质性的解决，个人也不能得到发展。后者尽管会受苦受累，甚至会流血牺牲，但只有在克服困难的过程中，我们的经验才能得到改组或改造，我们的自尊心和自信心才能得到提升。因此，困难，也是每个人前进的垫脚石。要克服困难，不仅需要有战胜困难的勇气，还需要有科学的方法作指导，有些时候，还需要多人、多个单位甚至整个社会通力合作才能完成。因此，面对困难，我们应有的态度是正视之，敢于迎难而上，在克服困难的过程中实现个人的成长。

5. 你在生活和学习中遇到过哪些困难？你是如何克服的？

提示：可以根据自己的实际情况来说。

 **拓展延伸**

1. 观看影片《最美逆行》，进一步感受在灾难面前英雄的中国人民不畏困难、舍生忘死的伟大精神。

2. 以"永不言败"为题写一篇习作，或者写一写自己克服困难的亲身经历，或者写一写自己积累的勇于直面困难的感人事迹，在文字表达中增强克服困难的信心和勇气。

英雄无悔，榜样力量

电影《烈火英雄》

□ 张秋侠（河南省夏邑县第四初级中学）

导演：陈国辉

类型：灾难／剧情

制片国家／地区：中国

上映年份：2019 年

德育主题

英雄是在危难面前敢于挺身而出、舍己为人的人。仰慕英雄，以英雄为榜样，是小学高段德育的重要目标之一。电影《烈火英雄》通过触目惊心的火灾现场，再现了英雄们在生死抉择之际勇于战胜困难的悲壮故事。观看这部电影，可以引领学生与英雄一起经历人性的考验，帮助学生形成正确的人生观和价值观。

电影赏读

一、情节回顾

特勤中队原中队长江立伟，因为火锅店失火出警不力被撤职、调离，中队长由马卫国接任。之后，江立伟患上创伤性应激障碍，需要退役。去学校接儿子时，江立伟接到通知：滨港石油罐区发生爆炸！他迅速指挥东山中队奔赴现场。同时，马卫国带领特勤中队冲向火场，枫林中队班长徐小斌和其他所有消防官兵迅速回到工作岗位。

总指挥部通报火情：滨港石油罐区 A01 号罐下管道发生爆炸，导致原油喷出，因防火堤破裂、地势不平导致流淌火。其中，储油量 10 万立方米的 A01 号油罐最危险。觉察到油罐马上就要爆炸，江立伟下令东山中队迅速撤离。李经理催家人能跑多远就跑多远，他深知形势万分危急：A01 号罐区和其他油罐之间的阀门都开着，所有油罐里的油都正流进 A01 号罐区，再顺着管道喷出去，与它一路之隔的化学罐区一旦爆炸，将产生 20 颗原子弹的威力。

来不及请示，江立伟和技术员一起迅速关掉了 A 区的四个阀门。马卫国带领特勤中队冲入 A01 号主阵地。媒体发布油库爆炸消息，市民惊恐万分，争着逃离。江立伟的老婆跟孩子被人群冲散了，尽管心急如焚，她还是帮人把产妇送进医院，在医院遇到了被人救助的儿子。

指挥部里，江立伟主动请缨，带领东山中队去火场关闭 B 区的阀门，每个阀门八千转。已经被烈火炙烤了 45 分钟的江立伟发誓："就是八万、八十万，我们也得给它关上。"还有三个月就退役的郑志冲进火海抢回一个水管，暂时阻止了油罐的爆炸，却壮烈牺牲了。

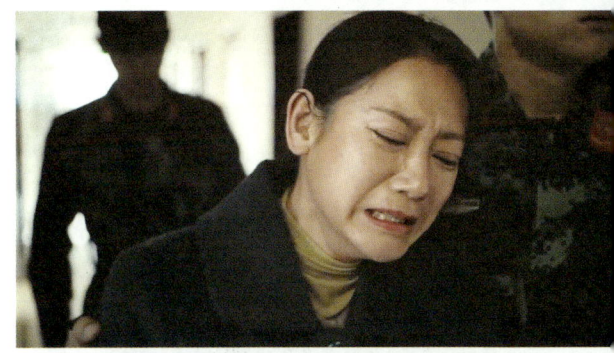

还剩最后一个阀门。被大火包围的江立伟把活下来的机会留给队友，血肉模糊地和困难"一打一"。马卫国和队友们每人录下一段视频（作为遗嘱）留给家人，准备死守阵地。全市停水，班长徐小斌跳进海里清理垃圾，保证了远程供水的畅通，自己却牺牲在海里。指挥部发起总攻，阀门全部关上的那一刻，江立伟被炸飞在熊熊火海里。

灾难终于结束了。家里，军人父亲向马卫国庄重敬礼；街上，人们自发哀送英雄的灵柩。

二、主题解读：英雄是黑夜里最闪亮的星

一个没有英雄的民族是不幸的，一个有英雄却不知敬重爱惜的民族是不可救药的。自古以来，中华民族英雄辈出。习近平总书记说："我们要在全社会树立崇尚英雄、缅怀先烈的良好风尚。"对为国牺牲、为民牺牲的英雄烈士，我们要永远怀念他们，给予他们极大的荣誉和敬仰。不管时代怎样变化，我们都要永远铭记他们的牺牲和奉献。因为英雄就是黑夜里最闪亮的明星。

什么是英雄？为什么要仰慕英雄？电影《烈火英雄》具体而深刻地回答了这些问题。

英雄是顾全大局舍生取义的人。油罐马上就要炸了，求生本能下，技术员要带着江立伟一起逃命："消防员也是人，你也有老婆孩子。"江立伟看了看老婆孩子的照片，却放弃了逃生机会。在 A01 号阵地，郑志被爆炸物死死压

住，队友冒险来救时，他大喊："你们快走，不要管我！"拼尽最后一丝力气，他把摔破了的头盔扔出来说："给我妈。"班长徐小斌的生命最后一刻定格在和爱人拍婚纱照。是的，

消防员也是人，也有牵肠挂肚的父母，也有相亲相爱的妻儿。但是，英雄不是一般人，生死抉择时，他们选择了人间大爱，牺牲了自己的生命，把活下去的机会留给了别人。

英雄是战胜本能舍己为人的人。例如江立伟的妻子，儿子被冲散她心急如焚时，却能去帮助陌生的产妇。还有那对陌生夫妇，省吃俭用却掏钱给江淼买船票，又放弃逃生机会把突发哮喘的江淼送进医院。他们都是很平凡的人，取舍之间有过犹豫，但是，真正的光明绝不是没有黑暗的时间，只是永不被黑暗所掩蔽罢了；真正的英雄绝不是永远没有卑下的情操，只是永不被卑下的情操所屈服罢了。战胜自己，远比在沙场战胜数千个敌人更有资格称为英雄。在全人类中，凡是坚强、正直、勇敢、仁慈的人，都是英雄。

为什么要仰慕英雄？因为仰慕英雄才能英雄辈出。马卫国的父亲是个军人，胸前挂满军功章。对于马卫国来说，父亲就是自己的偶像，一个他看得见、摸得着的英雄。由于父亲的榜样引领，马卫国也想当英雄。油库爆炸时他主动要求冲上最危险的A01号主阵地。郑志壮烈牺牲后，全市停水，流淌火逼近，A01号油罐就要爆炸了，这是最后的阵地，留守还是撤离？生死关头，马卫国说：我们的命是郑志用自己的命换来的。对英雄的感念让队友们战胜了对

死亡的恐惧，他们各自录下一段视频作为遗嘱扔出火场，喊着口号坚守到最后一秒。

英雄就是黑夜里最闪亮的星，可以帮助我们找到自己的方向。全人类对英雄的崇拜昨天有，今天有，将来也一定有。我们仰慕英雄，就是把英雄当作自己的偶像，像英雄那样，在成长过程中战胜自我，勇于担当，做好当下自己该做的事情，也为不确定的未来做好准备：祖国如有难，我应做先锋。

 **电影对对碰**

一、观影准备

1. 查资料：2010年"7·16大连输油管道爆炸事故"，了解《烈火英雄》的真实原型。

2. 思考：你认为什么是真正的英雄？请举例说明。

二、电影沙龙

1. 滨港油库爆炸到底有多危险？市民争相逃命时，消防官兵是怎样做的？

提示：由于操作不当，滨港石油罐区A01号罐下管道发生爆炸，导致原油喷出，因防火堤破裂、罐区地势高低不平从而形成流淌火。其中，储油量10万立方米的A01号油罐最危险。油库李经理偷偷打电话催促家人能跑多远就跑多远……因为他最清楚形势到底多危险：A01号油罐和其他油罐之间的阀门都没来得及关上，现在所有油罐里的油都正流进A01号油罐，再顺着管道喷出去。跟它一墙之隔的化学罐区储备了大量二甲苯和氰化物，二甲苯是甲类危险化学品，能够麻痹人的中枢神经，氰化物一旦被大量吸入，人会在15分钟之内停止呼吸。化学罐区一旦爆炸，将产生类似20颗原子弹爆炸的威力，全市800

万人的性命岌岌可危。警情就是命令。江立伟接到任务立马奔赴现场，边走边调来东山中队。同时，特勤中队马卫国和郑志等人也紧急赶往油库。正在拍婚纱照的徐小斌和王璐顾不上换下婚纱，迅速回到各自的工作岗位。为了挽救人民的生命，所有消防官兵都冲向灾难现场，留下逆行者的背影。

2. 总指挥部里，指挥员吴晨光愤怒地打了李经理一巴掌，说："你太不了解消防员了！"指挥员为什么要打李经理？李经理真的了解消防员吗？请举例说明。

提示：因为李经理隐瞒实情多次欺骗了指挥中心，所以指挥员吴晨光甩给他一记响亮的耳光。救灾最核心也最危险的环节是关上通往 A01 号油罐的阀门，江立伟和东山中队在炎热的火场中已经关了 45 分钟，氧气用尽了还没关上。指挥员质问李经理："你不是说十几分钟就能关上吗？"李经理说："以前从来就没有手动关过，一个阀门要关八千转。"吴晨光非常气愤："你为什么要一而再再而三地骗我们？"李经理说："我如果告诉你实话，你们谁还敢进去救火啊？这火还怎么灭啊？"李经理把消防员当成了贪生怕死的一般人，严重低估了消防官兵的精神境界。为了保住滨港，李经理隐瞒了火场实情，结果反而影响了现场救灾行动。

事实并不是李经理想象的那样，灾难面前消防员总是挺身而出。例如，东山中队中队长江立伟，在觉察到 A01 号油罐就要爆炸时，毫不犹豫地带领技术员一起关了 B 区的四个阀门。准备去关 A 区的阀门时，身边早已燃起熊熊烈火，技术员害怕了，要带着江立伟一起逃生，说消防员也是人。但是，他们不是一般人，而是克服了求生本能、迎难而上的人。江立伟看看老婆孩子的照片，断然放弃了逃生机会。此刻，A01号被大火包围，火和老百姓之间，只有消防队。江立伟选择了后者，主动请缨带领东山中队冲进火场。烈火炙烤下手动关阀门，一个阀门要转八千转，还剩最后一个阀门时，江立伟把求生的机会留给队友，熊熊烈火中血肉模糊的江立伟和阀门"一打一"。阀门全部关上的那一刻，江立伟的血肉之躯被炸飞在熊熊火海中。

3. 救灾现场还有哪些英雄？最让你感动的是谁？

提示：还有马卫国和他的特勤中队，再过三个月就要退役的郑志，班长徐小斌等。马卫国主动要求带领特勤中队冲上最危险的A01号主阵地。郑志抢回一个没断裂的水管，暂时阻止了油罐爆炸，但是，他的头盔被砸破，身体被死死压住。队友冒死去救他，他却大喊："你们快走，不要管我……"郑志壮烈牺牲后，全市停水，流淌火逼近脚下，A01号油罐马上就要爆炸。在这生死关头，郑志的英雄壮举帮助队友们战胜了内心的恐惧。马卫国和战友们各自拍下一段视频，作为遗嘱留给家人。他们喊着口号坚守阵地，直到最后一秒。全市停水，只能依靠远程供水时，班长徐小斌毅然跳进海里，清理水泵口的垃圾，保证了远程供水，却被杂草绊住牺牲在海里。综观这些救灾英雄，他们每一个人都值得我们感动，是他们在危难时刻舍己为人挺身而出，不惜一切代价相互配合，克服重重困难坚持到底，最终才避免了灾难蔓延，挽救了800万市民的生命。

4. 救灾现场之外，你认为平凡的人中有没有英雄？理由是什么？

提示：英雄不问出处，平凡的人中也有很多英雄。例如，油库爆炸时，惊恐万分的市民四处逃离，医院里却一切如常，医生们坚守工作岗位。江立伟的妻子、儿子江淼被冲散，江立伟的妻子心急如焚，却能去帮助陌生的产妇。还有那对陌生人夫妇，省吃俭用却掏钱给江淼买船票，又放弃逃生机会把突发哮喘的江淼送进医院。他们都是普普通通的人，取舍之间有过犹豫，但最终他们都战胜了本能，成全了他人。战胜自己远比在沙场战胜数千个敌人更有资格称为英雄。在全人类中，凡是坚强、正直、勇敢、仁慈的人，都是英雄。

5．为什么要仰慕英雄？作为学生，我们应该怎么做？

提示：首先，仰慕英雄能给社会带来正能量。因为，英雄为社会树立了一个道德标杆，仰慕英雄就是以英雄为榜样，能为社会带来良好风气，促进

祖国更加繁荣富强。所以，习近平总书记说："我们要在全社会树立崇尚英雄、缅怀先烈的良好风尚。"对为国牺牲、为民牺牲的英雄烈士，我们要永远怀念他们，给予他们极大的荣誉和敬仰。不管时代怎样变化，我们都要永远铭记他们的牺牲和奉献。

其次，仰慕英雄能促进儿童的人格发展。因为生活本身就是不断探险的旅程，面对重重困难，谁心里没有过怯懦？想战胜心中的"女巫"，儿童心中就需要一个英雄，以英雄为榜样，可以帮助儿童克服困难，健康成长。让英雄引领儿童的精神发展，这本身就是赠予儿童生命最好的礼物。

作为学生，我们应该以英雄为榜样，经得起生活中的种种考验，树立自信，

战胜自我，勇于担当，做好当下应该做的事情。同时，我们也要从小立下报国志，弘扬英雄精神，培养英雄品质，面对未来的不确定，在潜意识里做好当英雄的准备。

 拓展延伸

1. 以"我心目中的英雄"为题，组织开展一次演讲比赛。

2. 搜集"共和国勋章"获得者相关资料，做一期"中国当代英雄"图文展，共同学习英雄事迹，感受英雄精神。

为祖国争光，以祖国为荣
电影《我和我的祖国》

□ 张秋侠（河南省夏邑县第四初级中学）

总导演：陈凯歌

类型：励志／剧情

制片国家／地区：中国

上映年份：2019 年

德育主题

　　爱国是一个人的美好品德，是中华民族的传统美德。了解祖国历史，树立家国情怀是每一个青少年应有的美好品质，也是高年级学生的德育目标之一。《我和我的祖国》以时间先后为序，再现了新中国在政治、科技、体育等领域的重大历史事件，描述了普通人和国家之间的感人故事。观看这部电影有助于培养学生的爱国主义情感，帮助学生树立正确的人生观、价值观、世界观。

电影赏读

一、情节回顾

　　这部电影以时间先后为顺序，讲述了在内容上各自独立的七个故事，故事依次为《前夜》《相遇》《夺冠》《香港回归》《北京，你好》《白昼流星》和《护航》。

　　《前夜》讲的是为确保开国大典万无一失，林治远等人模拟电动升旗时遇到的重重困难，经过各方协调努力，经历了惊心动魄的14个小时之后，困难被一一克服，开国大典得以顺利进行。

　　《相遇》讲的是第一颗原子弹研发人员高远，隐姓埋名进行科研试验。核辐射迫使他住进医院，在街头遇到了寻他三年的恋人方敏，二人相爱却不能相认。在方敏的痴情倾诉中传来原子弹爆炸成功的巨响，高远苍白的脸上终于露出了笑容。

　　《夺冠》讲的是1984年的上海静安区，陈冬冬为了让邻居们看洛杉矶奥

林治远，号裕民。(1913~2002)
北京市政设计研究院总工程师，副院长。
1949年开国大典所用的旗杆和自动升降装置
是由他亲手设计施工完成的。
1956年加入共产党。
1988年退休后任北京市政设计研究院技术顾问。
1989年获首届国家授予的"中国工程设计师"称号。

运会中国女排决赛的电视直播，含泪错过了与好友小美的最后道别。2016 年
里约奥运会直播现场，已是国家乒乓球教练的陈冬冬，喜迎海归物理学家小
美的到来。

《香港回归》讲述了中英两国谈判决定香港政权交接仪式的相关细节：在
1997 年 7 月 1 日 0 时 0 分 0 秒升起中国国旗，早一秒不行，晚一秒也不行。
在中国官兵、香港同胞等的共同努力下，最终圆满完成任务，展现了中国威仪，
赢得了国际尊重。

《北京，你好》讲的是北京奥运会开幕前，出租车司机张北京有幸获得开
幕式门票。他原准备作为生日礼物送给儿子，后来却把门票送给了来自汶川
的小男孩，实现了小男孩的愿望。

《白昼流星》讲述了 2016 年因贫困而流浪他乡的沃德乐和哈扎布回到家

乡内蒙古四子王旗。两兄弟曾在少管所待了200多天，在退休干部李叔的呵护、熏陶下，激发了内心动力，犹如看到了白昼流星，看到了未来和希望。

《护航》讲的是在纪念抗战胜利70周年阅兵大典上，08飞行员驾驶的飞机出现故障，备份飞行员吕潇然放弃了飞行机会，主动帮助08飞行员排除飞机故障后，毅然返航。

二、主题解读：爱国是一种使命感，让你为之竭尽全力

什么是爱国？这似乎是一个很宏大的问题。但对于每一个具体的人来说，做好当下的事就是爱国。习近平总书记说："爱国，是人世间最深层、最持久的情感。爱国从来不是抽象的，它包含着丰富的内容，而且在每个时代都有不同的要求。今天，身处中华民族伟大复兴的关键时期，面对世界百年未有之大变局，我们该如何爱国？"电影《我和我的祖国》给出了生动具体的答案。这部电影以历史大事件为背景，每部短片从不同角度讲述了中国军民敬业爱国的感人故事。

《前夜》：新中国成立前夕，为确保开国大典万无一失，天安门广场封闭。电动升国旗在国内尚属首次，却没法进行现场试验，怎么办？林治远等人决定以模拟科学试验的方式再现升旗过程。试验中遇到很多困难：做国旗没有红、黄绸子，没有国歌，必须重新冶炼阻隔球却没有原料，怎么办？助手在屋顶大喇叭一喊，群众从四面八方涌进来，日用品、谋生工具，还有孩子的长命锁，更有清华大学实验室里的样板。离验收还不到1小时，旗杆终止装置出现故障，林治远一路飞奔，然后，一个人克服了恐高症，艰难地爬上了高高的旗杆，终于成功焊接了阻隔球，保证了新中国第一面国旗顺利升起。在这惊心动魄的14个小时中，林治远他们都有一种使命感，每个人都为大典顺利进行竭尽全力。

《相遇》：第一颗原子弹爆炸成功前，中国还没有核武器，经常受到美、苏等国的核威慑，核试验成功与否关系到国家命脉。在中国第一颗原子弹研发工程 596 工程的科研所里，试验突发意外，领导下令紧急撤离。撤离途中高远为什么返回工作舱？他难道不知道核辐射的危害？当然知道！在危机关头他想到的不是自己的安危，而是迅速排除故障，制止了意外的发生。他与恋人相遇为何不相认？因为要服从祖国命令，干惊天动地事，做隐姓埋名人。七尺之躯既已许国，再难许卿。第一颗原子弹爆炸成功的巨响传来，他苍白的脸上露出了满足的笑容，悄悄离开了这个世界。苟利国家生死以，岂因祸福避趋之。这就是伟大的爱国精神，还有什么比这种精神更崇高，更令人动容的呢？

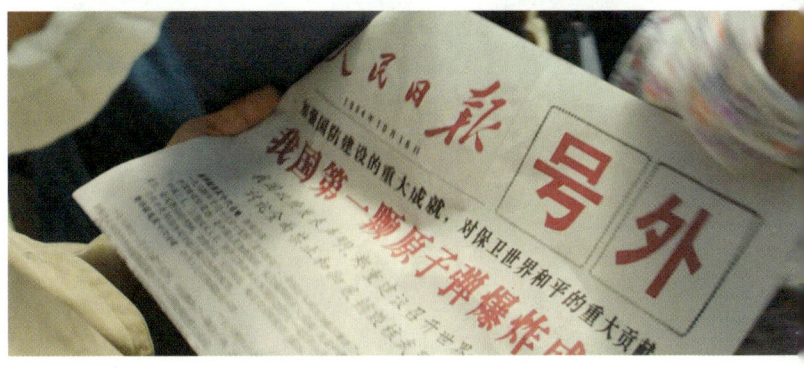

　　《夺冠》：1984 年，洛杉矶奥运会中国女排和美国女排进行决赛。中国女排能否夺

冠事关国家的实力和民族的尊严，所以举国瞩目。那时电视机还没有普及，上海静安区一个弄堂里，只有冬冬家有一台黑白电视机，电视信号全靠屋顶的那杆天线。为了让邻居们能看上女排决赛电视直播，冬冬错过了与好友小美的最后道别。当小美来找冬冬时，冬冬爬下屋顶紧追小美的途中为何又跑了回来？因为他要回去重新调整天线的位置，保证大家能看到直播画面。面临抉择总是很难的，冬冬不是没有犹豫，内心的煎熬无法诉说，但中国女排比赛到了最后关头，邻居们的加油声更加激发了冬冬心中的爱国之情。许多年后，冬冬成了中国乒乓球队教练，小美也从国外学成归来，两人终于久别重逢。爱国与身份、年龄无关，哪怕是弄堂里的老太太在事关国家荣辱的关键时刻也会为国呐喊，哪怕是一个不满 10 岁的孩子，在国之盛事面前也会宁舍私情不舍国。

《香港回归》：关于香港回归政权交接问题，中英谈判决定在 1997 年 7 月 1 日 0 时 0 分 0 秒英国国旗降下，中国国旗升起，早一秒不行，晚一秒也不行，每一个细节都不能忽视。如何才能达成目标？政府官员文斌等人精心选择场地，慎重安排各种事宜。交接仪式中仔细盯着，每一秒都不敢放松，英国王子讲话拖延了 23 秒，文斌郑重提醒；英国国旗降落提前了 12 秒，文斌凝视着手表秒针，再次叮嘱升旗手，0 时 0 分 0 秒，一秒都不能错，中国国歌准时奏起，国旗同时升起。升旗手朱涛自始至终没有抬头看一眼，46 秒后，国歌结束，国旗到顶。为了这庄严肃穆的 46 秒，朱涛已经蒙着眼睛演练了无数次，国旗仪仗队果然完美展现了我们的国威、军威，向世人交出了满分答卷。爱国不是口号，细节体现精神。在政权交接仪式中，文斌、朱涛等人一丝不苟，每个人都做好当下的事，这就是爱国。

《北京，你好》：2008 年北京奥运会即将开幕，出租车司机张北京幸运中奖，获得了价值 800 元的开幕式门票，十分得意，准备送给儿子当生日礼物，结果却被四川来的小男孩暗中"买走"。一番追讨后，张北京终于要回了门票，但听了小男孩的故事，看见他身上戴着的"奥运工程优秀农民工"勋章，张北京又把门票送给了这个汶川孤儿，让他亲眼看看爸爸亲手安装的栏杆。马克思说过："我知道个人是微弱的，但是我们也知道整体就是力量。"北京奥运会的成功举办，是出租车司机、志愿者、农民工等全国人民共同努力的结果。团结一心，众志成城，这就是爱国。

《白昼流星》：因为贫穷，内蒙古少年沃德乐和哈扎布流落他乡。在少管所待了 200 多天后，两兄弟回到家乡，被托付给旗政府退休干部李叔。李叔慧眼识人，悉心照料。然而，哥哥偷走了村民给李叔凑的救命钱被警察抓住，李叔知道后不但没有生气，反而对警察说："弄错了，钱是我给他们的。"李叔的包容渐渐融化了少年心中的寒冰。2016 年 11 月 18 日，李叔带着两兄弟去迎接回归的亲人——乘坐神舟十一号返回舱返回地面的航天员。当兄弟俩目睹返回舱犹如白昼流星降落大地，看到航天英雄顺利出舱的时候，才明白李叔为什么带两人来这里，因为，两个人和航天英雄一样，"都是回乡的人啊"。人潮散去，当他们回头看到躺在地上病重的李叔，终于像李叔期盼的那样——站起来说话，站起来做人。李叔，就像那白昼流星一样，给了他们希望。在中国农村有很多像李叔这样的扶贫干部，默默地守护着脚下这片热土，等待着流浪的孩子回家，为他们点燃生活的希望。默默地守护家园，不遗余力地奉献自己的智慧和力量，这就是爱国。

《护航》：2015 年，纪念抗战胜利 70 周年阅兵前夕，八一飞行表演队吕潇然被任命为歼 -10 编队备份飞行员，以便随时处理各种意外情况。吕潇然自身素养非常强，从小就有飞翔梦想。2015 年 9 月 3 日的阅兵大典上，08 飞行员驾驶的飞机出现故障，机会来了！吕潇然终于可以实现少年时的梦想。然而她却帮助 08 飞行员排除了故障，果断放弃了飞行机会，毅然返航。在她的无私协助下，飞行编队顺利完成阅兵表演。服从命令，能打胜仗，顾全大局，作风优良，这就是吕潇然，这就是中国军人，以自己的方式报效祖国，这就是爱国。

七个故事，七个不一样的爱国方式，但他们都在各自的岗位上，竭尽全力，做好当下的事。爱国是什么？正如雷锋所说："我们是国家的主人，应该处处为国家着想。"如今，面临中华民族的伟大复兴这一光荣使命，我们都应该做好自己当下的事，为祖国献出自己的力量和智慧。

 **电影对对碰**

一、观影准备

1. 你知道中国国旗、国歌是在什么时间确定的吗?

提示:第一届全国政协会议,1949 年 9 月 27 日。

2. 中国为什么要秘密研制核武器?

提示:当时国际形势非常严峻,美、苏等对中国进行核威慑,为了进行核反击,我们必须研发核武器。因为核武器是维护和平的重要保障。

3. 你听说过郎平和中国女排的故事吗?请查找相关资料分享给大家。

提示:查资料了解中国女排的辉煌战绩及其付出的努力。

4. 你知道香港问题的由来吗?请查阅相关资料,讲讲香港的历史。

提示:结合中国历史,了解香港被英国占据以及被中国收回的过程。

5. 你身边有贫困户吗?你知道他们是怎么脱贫致富的吗?

6. 如果条件允许,请仔细观看 2015 年纪念抗战胜利 70 周年阅兵大典,仔细欣赏中国空军的精彩表现。

二、电影沙龙

1. 短片《前夜》中,你认为升起的五星红旗只是一块红布吗?为什么要确保开国大典(升旗仪式)万无一失?为此,林治远等人面临哪些困难?又是如何克服的?

提示:五星红旗不只是一块红布,而是中国共产党和中国人民用 28 年革命、2000 万人牺牲换来的。开国大典举世瞩目,关乎国家尊严和民族自尊,务必确保万无一失。开国大典上电动升旗尚属首次,却无法在现场测试。林治远等人进行科学模拟试验，各个细节必须做到丝毫不差，却遭遇了一系列困难：做国旗没有绸子，国歌无法播放，阻隔球断落，再冶炼缺少原料……在解放军、老百姓、大学教授等人的共同努力下这些困难都被一一克服。验收前的最后一小时，林治远爬上旗杆，成功焊接阻隔球，保证了中华人民共和国第一面五星红旗顺利升起。

2. 短片《相遇》中，在核试验急需撤离时，高远为何毅然返回？产生了什么影响？在公交车上遇见恋人时，高远为何不能相认？

提示：高远在撤离时逆行，只为了更好地进行科研试验。强烈的核辐射使高远住进了医院，但却加快了核试验的研发进程。高远与恋人相见却不能相认，既是遵守国家保密纪律的需要，也可能是感觉到了受核辐射影响命不久矣，不想再拖累恋人。

3. 短片《夺冠》中有这样感人的一幕：小美来道别时，冬冬跑下屋顶追小美，途中突然停下来，两眼含泪，一跺脚，转身又跑回去，继续调整天线。体会一下冬冬当时是什么心情，这段经历对冬冬和小美产生了什么影响？

提示：1984 年，洛杉矶奥运会，看中国女排奥运会决赛是老百姓最期待的大事。为了让邻居们看上电视直播，冬冬必须要爬上屋顶稳定天线，电视才有信号。好朋友小美就要出国了，去机场之前来找冬冬道别，冬冬急切地跑下来追小美。此刻，奥运赛事进入关键时刻，在群众高呼"中国队，加油！"的强烈感染下，冬冬的爱国之情瞬间迸发，但又舍不得好友离去，感情纠结着，内心撕扯着，两眼热泪。最终国家大爱占了上风，他放弃了与小美的道别，一跺脚，转身跑了回来，只为了中国女排和为女排呐喊的邻居们。这段经历使爱国的种子在冬冬和小美的生命中生根、发芽、开花、结果，后来，他们都为祖国做出了自己的贡献。

4.《香港回归》政权交接仪式中，一定要在 1997 年 7 月 1 日 0 时 0 分 0

秒升起中国国旗，早一秒不行，晚一秒也不行，这是为什么？为此，哪些人做了哪些努力？

提示：这是中英谈判共同决定的结果，这一秒关乎国家尊严，早一秒意味着中国政府食言了，晚一秒对不起中国人民，因为它标志着英国殖民统治的结束，香港回归中国的开始，这一时刻是中华民族雪耻的历史见证。修表匠华哥按天文台计时竞赛标准校对手表，难度极高，价格挺贵，但一听说是为了香港政权交接仪式，马上不再计较钱的问题。仪仗队朱涛等人蒙着眼睛苦练技术，一遍又一遍地模拟演习。在中国军民的共同努力下，圆满完成政权交接仪式，向世界人民展现了我们的大国威仪。

5.《北京，你好》中的张北京得到北京奥运会开幕式门票时是什么心情？费尽心思追回被小男孩"强买"的门票后，张北京为什么又免费送给了这个男孩？

提示：喜中开幕式门票，张北京十分得意，到处显摆，准备当生日大礼送给做志愿者的儿子，儿子有了门票就可以现场观礼，近距离感受奥运盛典。后来，张北京知道了小男孩的爸爸亲自参与了奥运工程，还是优秀农民工，可惜在汶川地震中去世。小男孩很想进鸟巢看看爸爸亲手安装的栏杆。感动之余，张北京把门票送给了小男孩。

6.《白昼流星》中的李叔对两兄弟说得最多的一句话是什么？为什么？

提示：李叔说得最多的一句话就是"站起来"。"能站起来就能活，你扶它站起来，能扶多久？那不算数，它得自己站起来。"因为李叔理解生命，洞察人性，扶贫工作必须要唤醒人内心的力量，激发人的内驱力，人才能真正站起来，努力追求未来。

7. 短片《护航》中表演队的吕潇然非常优秀，为什么被任命为歼-10编队备份飞行员？阅兵式当天08飞行员驾驶的飞机出现了故障，吕潇然为什么又放弃了宝贵的飞行机会?

提示：正因为吕潇然非常优秀，才被任命为备份飞行员，以便随时处理任何位置上出现的各种突发状况。08飞行员驾驶的飞机出现了故障，吕潇然主动排除了故障，保证了阅兵顺利进行，也成就了别人的梦想。中国的崛起，离不开这些默默付出的幕后英雄。

8.故事分享：这七个故事中最让你感动的是哪个? 请你分享给同学们，并说说触动你的理由。

提示：根据自己的内心感受畅所欲言，言之有理即可。

拓展延伸

1.争取在学校做一次升旗手，体会一下国歌响起、国旗升起时的内心感受，并试着写出来。

2.你知道"两弹元勋"的故事吗? 请讲给你的父母或者朋友听。

提示：搜索、讲述邓稼先、钱学森等人的故事。

3.了解奥运会的历史渊源及我国参加奥运会的历史，从中感受我国的崛起历程。

4.了解澳门回归的相关史实，想想你能为中国统一做些什么。

第三板块

自然伦理与生态文明

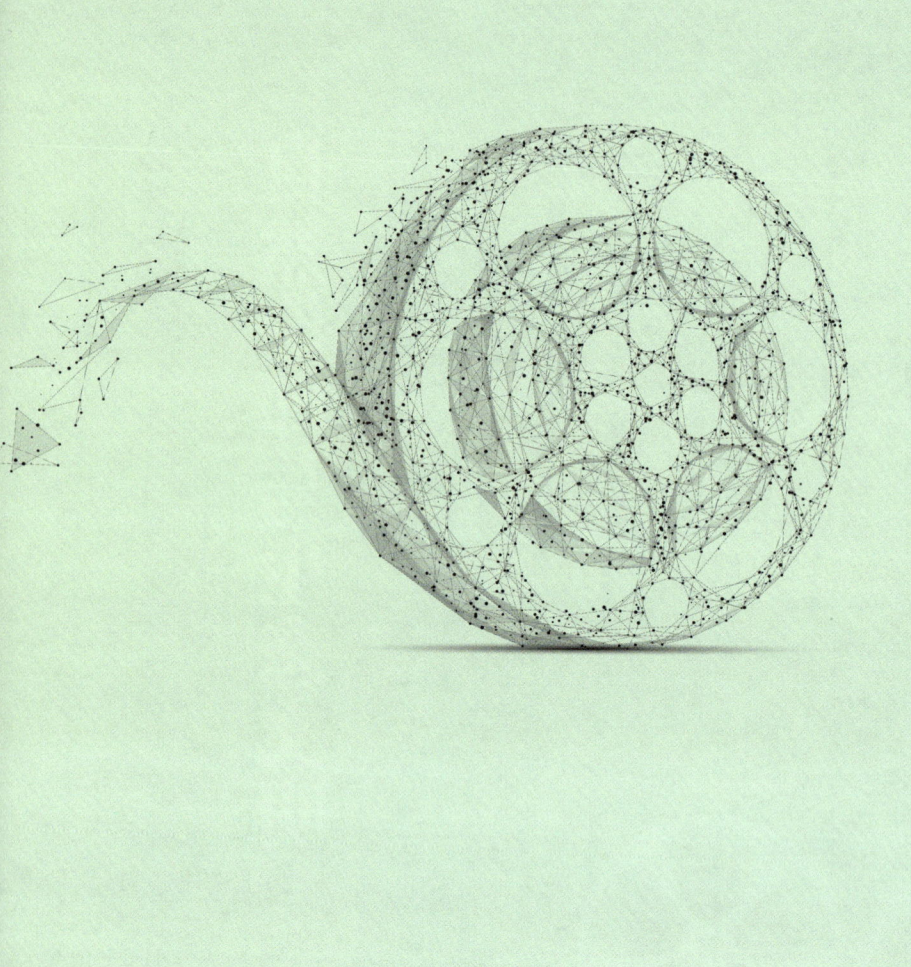

神奇地球，美丽家园
电影《我们在这里：生活在地球上的注意事项》

□ 钱　萍（山东省东营市利津县汀罗镇中心小学）

导演：菲利普·亨特

类型：动画

制片国家／地区：美国

上映年份：2020 年

103

德育主题

了解我们居住的这个星球，领略地球的神奇和美丽，是小学高年级德育目标之一。电影《我们在这里：生活在地球上的注意事项》讲述了小男孩芬恩一家在世界地球日这一天的经历，展现了一个孩子宇宙观形成的心路历程。观看这部影片，可以帮助学生更好地了解地球，激发学生热爱地球、保护地球的内在愿望。

电影赏读

一、情节回顾

小宝宝芬恩出生了！

他和妈妈从医院回到家里，迎接他们的是爸爸悄悄布置的婴儿房：房里挂着一个小小的太阳系，墙上绘着深邃而神秘的星系。爸爸想向孩子介绍他来到的这个世界，却又前所未有地感觉到自己的所知非常有限。面对焦虑而迷茫的新手爸爸，妈妈安慰说："如果感到迷茫，那就从你知道的东西开始。"自己的家就是芬恩认识这个世界的开始。

转眼间，芬恩长大了。他喜欢看关于宇宙的书，也喜欢拆卸闹钟探索闹钟工作的秘密，妈妈告诉他，不仅要知道事物是怎样在工作，还可以去想想它们为什么要这样工作。

这天是世界地球日，爸爸妈妈准备全家去公园里游玩，芬恩却极力说服爸爸妈妈去万物博物馆，最终爸爸妈妈还是坚持去公园。一路上，芬恩无精打采。到了公园，他也是干什么都提不起兴趣。直到野餐后，小用心思的芬恩终于和爸爸妈妈一起来到了心心念念的万物博物馆。

在遭遇火箭馆闭馆的失落后，芬恩意外地在太空馆里和爸爸妈妈经历了一趟神奇的旅行。他们跟随着环形轨道游览车时而置身于炎热的沙漠里，时而置身于美丽的平原，时而飘浮在云端，时而畅游在深深的海沟，尽情领略着丰富多样的植物、动物以及独具魅力的各族人群……

从太空馆出来，芬恩陷入了沉思，这次他主动提出要回到公园里去。骑上单车回到公园的小芬恩觉得见到的所有花鸟鱼虫都是那么亲切。

当一只小小的瓢虫飞到芬恩的鼻头歇息时，他忽然问道："爸爸，在它的眼里我一定很大很大吧?""是的，它看你，就像你看那座摩天大楼的感觉。"望着高耸入云的摩天大楼，芬恩又陷入了沉思。

回到家，因为停电他们来到了天台。看着天上明亮的星星，芬恩沮丧地对爸爸说："我现在的感觉就和公园里那只小虫看着我时的感觉一样。"爸爸告诉芬恩，世界很大，每一个人都可能在某一个时刻感到迷茫。就像天空中的北极星可以给我们指明方向一样，在未知面前我们可以从自己知道的东西

开始，重新出发。

此时邻居们也在妈妈的邀请下从停电的房间里走出来，不同年龄、不同肤色、不同民族、不同服饰，大家友好地打着招呼，在星空下谈笑、交流，彼此善待，共同分享，世界就是你、我、他，在一起……

二、主题解读：永葆好奇之心，探索地球奥秘

地球是人类赖以生存的唯一家园。认识地球，细心呵护她，是每一个地球公民的义务和责任。但是，地球如此之大，万物如此之多，怎样才能从整体上认识地球呢？这确实是个难题。在影片中，芬恩的爸爸面临着同样的困惑，他忽然觉得自己知道的东西太少，无法当一个好爸爸。

焦虑和迷茫源于对未知的恐惧，但更多只是情绪上的发酵，无法真正解决问题本身。当芬恩在爸爸怀里咿咿呀呀地说着话，用一双滴溜溜的眼睛打量他们的家时，我们发现对未知的一切其实也可以像孩子这般好奇，从身边开始，一点一点去接纳，一点一点去学习。正如

妈妈对爸爸说的话："如果感到迷茫，那就从你知道的东西开始。"

应该说芬恩的父母是明智的，在芬恩还没有能力认识地球上所有事物的时候，让他从能感知的事物入手。其实即便是再小的事物，本身也是一个相对完整的整体。随着芬恩逐渐长大，父母开始给他渗透"认识事物全部"的思想。因为他们知道，没有对整体的认识，容易陷入盲人摸象的尴尬境地。同样的道理，没有对局部的深刻理解，也很难准确地把握整体，二者是相辅相成的。

看到芬恩拆卸闹钟，妈妈提醒他，不仅要看到闹钟是怎么工作的，还要换个角度去想想它为什么要这样工作，试着去看看事物的全部。妈妈的话引起了小芬恩极大的兴趣，他迫切想知道那个所谓的"全部"到底是怎样的。

世界地球日到了，爸爸妈妈计划在户外好好享受这个美丽的星球，帮助芬恩从身边的事物、从切身的体验中感受地球的美好。但是，芬恩却一直想着去博物馆，他对新奇的事物更感兴趣。在芬恩看来，公园里的花草树木，放风筝、划船，都是那么平淡而又无趣，他向往博物馆里的新展览——威力无比的火箭，那可是能冲到宇宙里去的家伙。午餐后，芬恩想办法将爸爸妈妈带到了万物博物馆门前，爸爸妈妈终于被他的坚持说服了。

在博物馆的太空馆里，芬恩第一次从"整体"的视角认识了自己所居住的这个星球。随着巨大的"地球"在眼前徐徐升起，轨道车载着芬恩一家欣赏了地球上的多处风景：沙漠又干又热，平原宽广而平坦，山顶常年白雪皑皑，海平面下藏着深深的海沟。他们时而置身于云朵之间，感受大气层细微变化带来的风雪晴雨；时而又伴着海豚、鲸鱼戏水，虽语言不通但欢乐共在。

这是芬恩第一次真切感受到地球的神奇，它是如此多姿多彩、千变万化，却又彼此共存、悄然相连。从生机盎然的森林来到车水马龙的城市，从各种各样的动物到各种肤色的人群，每一个现象或个体看似独立，却又相互契合地构成一个整体。"这就是我们的地球，你一定要好好照顾她，因为她是我们的一切。"一趟精彩的旅行结束了，芬恩感觉自己的内心有什么地方被触动了，他迫不及待地告诉爸爸妈妈：今天是世界地球日，让我们回到公园去，现在就去，马上就去。

芬恩之所以有如此大的变化，正是因为目睹了地球的全貌之后深刻感受到了地球的神奇与美丽，激发了热爱地球、保护地球的内在愿望。再回公园，一草一木俨然已成为芬恩眼里的朋友，他兴奋地向大树、湖水、小鱼、小鸟、蝴蝶问好。天上自由自在的云朵，手里捡拾的小松果都那么亲切，他不再只是爸爸妈妈的小芬恩，他是万事万物的小芬恩，他们丝丝缕缕地关联着，一起组成了这个美好的地球家园。

庄子说："吾生也有涯，而知也无涯。以有涯随无涯，殆已！"在感知了地球之博大和万物之美妙之后，芬恩一下子感受到了自己的渺小，有了庄子一般的感慨：世界是那么大，要学的知识那么多，自己什么时候才能学完呀！他忽然感到一阵迷惘。

在天台上，爸爸告诉芬恩：想到世界之大确实挺吓人的，但有时，如果用正确的方法去看它，世界会比我们想象中的要小得多。每一个人都可能在某一个时刻感到迷惘，就像我们迷失方向，会抬头寻找熟悉的北极星，让它告诉我们方向，再重新上路一样；感到困惑迷茫时，我们可以从自己知道的地方开始，再去探索更多，去开拓远方。妈妈把邻居们都叫来了，不同年龄、不同肤色、不同民族、不同服饰的人们走出房间，相互友好地打着招呼，在星空下谈笑。

于是，我们找到了克服认知恐惧的钥匙，尽管生命有限，学无止境，若我们彼此善待，不懂的时候，勇敢地开口去问，我们既能在天上找到自己的"北极星"，也能在生活中找到互相学习的"北极星"，用共同分享换来共同拥有。那么，生活在地球上的你将永远不会感到孤独，伸手相连，跨越迷惘，我们在一起将是全部的世界。

电影对对碰

一、观影准备

1. 查资料：了解世界地球日的由来以及历年世界地球日不同的主题。

2. 思考：通过历年世界地球日不同的主题，想想我们保护地球、珍爱环境的方式有哪些变化。

二、电影沙龙

1. 在芬恩刚刚出生的时候，爸爸是怎样引导他认识这个世界的？

提示：在芬恩刚出生的时候，爸爸在他的小床上方悬挂了一个太阳系的模型。芬恩爸爸的这一举动意在让小芬恩从一个整体的视角看待我们的星球。他想让芬恩知道地球并不是一个孤立的存在，它是太阳系的一个组成部分，也是宇宙中的一个奇迹。在听了妈妈的意见之后，芬恩爸爸开始抱着孩子从身边的事物认识周围的世界。从心理学的角度讲，幼儿在感知世界的时候，只能从身

边的事物入手，他们还没有能力理解表象后面的联系或关系，从熟知的事物入手是认知世界的最佳方式。

2. 芬恩在拆卸闹钟时，妈妈提醒他：不仅要看到闹钟是怎么工作的，还要换个角度去想想它为什么要这样工作，试着去看看事物的全部。妈妈所说的"事物的全部"到底指什么？为什么做这种提醒？

提示：妈妈所说的"事物的全部"，实际上是指闹钟作为一个整体，各部分之间是如何协作的，遵循了怎样的规律。妈妈之所以做这种提醒，是为了让芬恩从小就有"整体意识"。所谓"整体意识"，就是用全局的、联系的、发展的眼光看事物。只有这样，才不会一叶障目，才能真正发现现象背后的实质。如果芬恩明白了这个道理，他会对闹钟各个零件的运行了解得更加透彻。同样的道理，一旦从小有了这种看"全部"的想法，就不用担心认知兴趣的丧失，就不会对这个世界像雾里看花那般模糊。

3. 从影片中，我们看到这是一个非常有爱的家庭，爸爸妈妈非常尊重芬恩，但地球日这天，爸爸妈妈为何一直坚持要去公园，而不是直接去万物博物馆呢？

提示：爸爸妈妈其实一直想让芬恩感受到身边事物的美好，而这些是热爱知识的小芬恩很容易忽略的。热爱身边的万物是我们热爱更广阔世界的起点，也是我们走过孤独和迷惘的力量来源。

4. 芬恩在世界地球日这天一开始想方设法让爸爸妈妈带他去博物馆，为何在参观了太空馆之后，又迫切地想回到公园去呢？

提示：芬恩一开始想到博物馆去，是因为他酷爱科学，想从博物馆了解更多的科学知识。但是在游历了太空馆后，芬恩才真正从整体上感受到了地球本身的神奇，所以，他改变了主意，急于回到公园中，去亲身体验地球万物的奇妙之处。其实，这正是爸爸妈妈一开始带他去公园的原因所在，只是开始的时候芬恩对大自然的一切熟视无睹，视之为自然的存在，并没有感受到鲜花、小鸟、飞虫等一切生命的美妙与神奇罢了。同样是在公园中行走，认知的角度变了，收获自然也不一样。

5. 芬恩从小瓢虫那里得到启发，想到了地球的浩大无边，于是真切感受到了个人认知的有限性。爸爸妈妈是怎样帮他克服这种认知焦虑的？

提示：当芬恩认识到自己认知的有限性时，爸爸把他带到了楼顶的天台上，妈妈找来了邻居们，不同肤色、不同年龄的人共同谈笑，共同分享奇妙的夜色。爸爸告诉芬恩，虽然一个人的认知是有限的，但只要善待、尊重所有人，大家就可以相互学习，相互借鉴，在地球上就永远不会孤独。

6. 你了解哪些地球的知识？你打算怎样保护人类这个唯一的家园？

提示：学生自由作答。

 拓展延伸

1. 到大自然中去，看能不能从一草一木、飞虫游鱼中有新的发现，和伙伴交流自己的观察所得。

2. 收集资料，做一期"神奇的地球"图片展，进一步感受地球的神奇与美丽。

尊重生命，和谐共生

电影《我们诞生在中国》

□刘会忠（山东省东营市利津县汀罗镇中心小学）

导演：陆川

类型：纪录

制片国家／地区：中国／英国／美国

上映年份：2016 年

德育主题

　　认识自然界各种事物之间的内在联系，理解大自然的内在统一，感受大自然的生机与活力，是小学高段的德育目标之一。陆川导演的纪录片《我们诞生在中国》以其独特的视角，很好地再现了大自然中的生命轮回与生生不息，可以帮助学生理解动物世界中爱的伟大，有助于学生进一步思考生与死、强悍与隐忍之间的对立统一，进而加深对自然统一性的理解。

电影赏读

一、情节回顾

　　在中国这片神奇的土地上，生活着无数可爱的生命，丹顶鹤、大熊猫、藏羚羊、金丝猴和雪豹就是其中的代表。丹顶鹤被视为"长寿与吉祥"的象征。在中国民间传说中，当丹顶鹤展翅高飞时，便有一个逝去生命的灵魂飞往极乐世界。

　　四季流转，大自然完成了一个轮回。身处其中的动物们也随着季节变迁经历着出生、成长乃至死亡的生命轮回。

春天，万物复苏。在青藏高原，处于食物链顶端的雪豹达娃有了两个年幼的孩子。面对入侵者，达娃展现出强势的一面，因为一旦失去领地，她的两个孩子就将面临饥饿与死亡的威胁。在四川的峡谷中，金丝猴淘淘变得不再快乐，妹妹夺走了原本属于他的众人的关注，受冷落的淘淘一气之下离家出走。距离淘淘家不远的地方，大熊猫丫丫有了宝贝女儿美美，她喜欢和女儿过着互亲互爱的日子。西部高原的雌性藏羚羊此刻开始离开丈夫，开始了长达几千公里的迁徙。

夏天，达娃的两个孩子长大一些，达娃开始为孩子展示如何捕获岩羊，生活很惬意。淘淘混入了流浪猴中，玩耍之余，第一次目击了自己的天敌——苍鹰的存在，深为震惊。藏羚羊到达了迁徙目的地——卓乃湖，开始生育小羚羊，母羚羊很快与小羚羊建立起牢不可破的联系，以便保护小羚羊免受伤害。

秋天，大熊猫美美渐渐长大，渴望自由。虽然丫丫放心不下女儿，但强大的自然之力召唤着美美开始学习滚动、攀爬。淘淘在看到流浪猴王与爸爸的争斗后，感觉到了流浪猴们的不团结，产生了重返家园的冲动。母羚羊带着小羚羊终于回到了栖息地，与雄羚羊相聚。忘却配偶的雄羚羊会另觅新欢。入侵者卷土重来，为了孩子的安全，雪豹达娃被迫离开了自己的领地。

寒冷的冬天来临了，小熊猫继续长大。淘淘快被冻坏了，终于重回家庭，与众猴抱团取暖。达娃在捕食时伤了脚掌，再也无法捕食岩羊了。

春天重临大地，一切又有了生机。小熊猫美美学会了爬树，开始了独立的生活。淘淘在苍鹰来临之际，勇敢地救下了妹妹，成了家族的英雄。受伤的达娃在冒险捕食牦牛时负伤而死。大熊猫丫丫又有了自己的幼崽，新的猴宝宝又出生了。于是，在生生死死之间，生命开始了新的轮回。

二、主题解读：轮回之力

在我们这个星球上，万物蓬勃，看似欣欣向荣，实际上每一个物种在繁衍生息的过程中都会面临各种各样的危机。但是，冥冥之中有一种强大的力量，足以让万物克服重重困难，顽强地将种群延续下去。随着四季流转，各种动物在中国这片神奇的土地上出生、成长、逝去，伴随着爱与苦难不断延续着生命的轮回。

轮回离不开爱的护佑。

雪豹达娃深爱着自己的两个孩子，对她来说，看着两个宝宝嬉戏玩耍是最快乐的事情。为了两个孩子，达娃面对入侵者时才会无所畏惧，勇敢地表明自己的立场，甚至不惜以命相搏。正是这种母性衍生出的强大力量，才让入侵者知难而退。几个月后，入侵者再次来犯，还带着三个已经长大的孩子，面对强大的对手，达娃不得已选择了离开自己的领地。她并非害怕入侵者，真正迫使她退缩的是孩子的安危。幼豹还小，一旦她这个做母亲的有个闪失，两个孩子必然会失去护佑，其后果可想而知。达娃在踏雪猎捕岩羊时，不幸被白雪覆盖的尖利岩石伤了脚掌。一只负伤的雪豹是无法追捕到岩羊的。但是面对嗷嗷待哺的孩子，被逼上绝路的达娃决定铤而走险，去比她强壮数倍的牦牛群中猎捕小牦牛。在和同样护子心切的牦牛母亲的斗争中，达娃身负重伤。白雪中渐渐僵硬的身体昭示着达娃永远离开了这个世界，离开了她舍命守护的孩子。除了伟大的母爱，我们找不出更好的理由来诠释达娃的行为。

大熊猫丫丫对自己的女儿美美更是爱得无以复加。为了确保孩子安全，大熊猫可以几个月和孩子待在山洞里。只要小家伙到洞外活动，丫丫必然目不转睛地看着，生怕有个闪失。每当美美跌倒，丫丫总会在第一时间出现。美美想学爬树，丫丫的眼神中总是满含着担忧。但是，丫丫也知道，不可能照顾女儿一辈子，所以，尽管不放心，她还是选择让女儿去摸爬滚打，直到凭一己之力爬上高树的那一刻，丫丫才算完成了一个做母亲的使命。原来，最伟大的爱，就是帮助孩子走向独立啊！

人类至今无法解释藏羚羊为何要走几千公里完成迁徙。但至少有一点是明确的，那就是迁徙的目的地最适合生养后代。在卓

乃湖边，刚出生的小藏羚羊很快和母藏羚羊建立起了牢不可破的生命联系。无论天敌如何冲撞，这种联系都无法被打破，这就是奇妙的自然之力。藏羚羊的团结，最大限度地保证了幼羊的生存概率。一旦幼羊被隔离开来，必然难逃被狼捕杀的厄运。

出生不久的幼猴时刻都有被苍鹰猎杀的危险。所以，母猴和猴群会出于本能保护幼猴不被伤害。淘淘的妹妹因为缺乏生存经验，在苍鹰飞来时没有及时藏到低处，如果没有淘淘奋力赶来，她就很可能成为苍鹰的腹中之物。淘淘的迅速出手与其说是出于对妹妹的呵护，不如说是一种下意识的行为。但是，无论是本能使然，还是后天的感情所致，都可以说，是爱将幼小的生命和母亲乃至整个族群联系在了一起。这种爱，呵护了成长，成就了轮回。

轮回，亦是生命之力的自然延伸。

小熊猫美美虽然有母亲丫丫无微不至的关爱，但是冥冥中有一种力量在召唤她，吸引着她去滚动，去攀爬。无论有多么危险，美美都不想放弃爬上高高的树冠。小藏羚羊刚出生半小时，就能摇摇晃晃地走路，不久，就能像强壮的成年羚羊一样快速奔跑。这也是神奇的生命之力在起作用。正是有了这种力量，动物才不会陷入慵懒，成长才不会被抑制。

轮回，意味着生命有生有死。一个生命的终结，常常不是轮回的结束，而是一个新的开始。雪豹达娃猎杀了岩羊，对于岩羊来说，生命终结了，但岩羊的死并非没有价值，正是他的死亡成就了雪豹生命的延续。在大自然中，有一个个神奇的生物圈。在这个圈子里，各种生物互为因果，谁都离不开谁。看似雪豹杀死了岩羊，实际上，正是因为雪豹的存在，才保证了岩羊整个种群的健康，从更为开阔的视角看，雪豹也是岩羊种族延续的保护者和贡献者。大自然就是这么奇妙！

生命的延续始终伴随着苦难。且不说分娩的痛苦，任何生命从出生那一刻起，就不可避免地受到自然之力的束缚。小熊猫要学会爬树，就要学会克服重力的施压。小羚羊要返回栖息地，就免不了受到狼群的猎杀。哪怕处在食物链顶端的雪豹，也要为了吃饱肚子而拼搏，甚至为此付出生命的代价。弱肉强食，便是自然之道。

一个个生命伴随着惊喜而出生，又有一个个生命伴随着哀歌而落幕，这就是轮回。自然中，四季的更迭亦是一种轮回。在轮回中，我们看到了一张复杂而神秘的关系之网，更惊叹于自然的伟力。对于自然，对于自然中的生命，我们没有理由不报以敬畏。

 **电影对对碰**

一、观影准备

1. 小调查。

（1）你对生活在我国的珍稀动物有哪些了解？

（2）你知道野生动物个体与种群的延续会面临哪些困境？是什么支撑着它们繁衍生息的？

2. 思考。

在大大小小的生物圈中，各种生物都有着内在的紧密联系。你有没有想过，一旦某个环节出现问题会发生什么情况？

二、电影沙龙

1. 依据表格提示，说一说随着四季流转，雪豹、金丝猴、大熊猫和藏羚羊身上各发生了哪些事。

物种　　季节	春	夏	秋	冬	春
雪豹	捍卫领地，保护幼豹	陪伴幼豹，猎杀岩羊	入侵再现，离开家园	雪中捕猎，不幸受伤	捕杀牦牛，重伤而死
金丝猴	失去宠爱，离家出走	尽情玩耍，感受危机	夺食大战，心生归念	回归家庭，抱团取暖	救妹脱险，成为英雄
大熊猫	安静生活，照顾幼崽	母女厮守，洞中生活	走出洞穴，感受自由	照看女儿，助其成长	爬上树顶，走向独立
藏羚羊	告别雄羊，开始迁徙	卓乃湖边，生儿育女	踏上归程，回到家乡	休养生息，孕育生命	告别雄羊，再次迁徙

提示：雪豹生活在青藏高原，是高原上当之无愧的霸主，但是这并不意味着就可以衣食无忧。春天，雪豹达娃要为捍卫自己的领地而战，凡有入侵者，她必然展现出凶悍的一面，因为如果丧失了自己的领地，她的两个孩子就可能饥饿而死。夏天，是雪豹比较惬意的日子，她可以安闲地照看成长中的小雪豹，在他们断奶之际，为他们展示如何捕猎岩羊，这是孩子必须要学习的生存本领。秋天，随着食物的日趋匮乏，入侵者再度赶来，且带来了援兵，在力量悬殊的情况下，雪豹达娃被迫离开了自己的领地。冬天来临了，达娃为了两个孩子，不得不踏雪捕捉岩羊，但是因为看不清地面状况，被埋在雪下的砾石扎伤了脚掌，丧失了快速奔跑的能力。又一个春天来临了，为了生存，达娃不得不以身犯险，到牦牛群中捕猎，结果被牦牛妈妈顶成了重伤，最终身死魂灭。

金丝猴淘淘原本是家族中的宠儿，但随着妹妹的出生，淘淘被边缘化了。得不到关爱的淘淘选择了离家出走，混迹于流浪猴群中。起初他是快乐的，但在流浪猴群中，没有人会真正爱他。在无人关爱的情况下，他第一次目睹了天敌苍鹰捕食幼猴的场景，一下子被吓到了。秋天来临的时候，为了争夺食物，淘淘的爸爸和流浪猴王展开了争斗，因为流浪猴彼此很不团结，猴王被斗得落荒而逃，淘淘有了想回家的冲动。冬天来了，严寒让淘淘无处可避，他选择了重新回到家族中，与家人抱团取暖。春天再临时，已经一岁多的淘淘已经能担负起保护弱小者的重任。在苍鹰要捕杀妹妹时，淘淘以迅雷不及掩耳之势救下了妹妹，成了家族的英雄，彻底得到了爸爸的赏识。

四川大熊猫丫丫过着悠闲的生活，她刚有了一个宝贝女儿美美。丫丫的生活重心就是看着女儿，陪伴她在洞中慢慢长大。秋天到来的时候，已经六个月的美美喜欢脱离母亲的看护，享受自由的生活，但是，她还有些力不从心，所以，丫丫总会在美美需要帮助的时候第一时间出现。虽然美美总想着爬上高高的树顶，但现在机会还没到。当又一个春天来临的时候，美美终于凭借自己的力量爬上了树顶，这便意味着她终于可以独立生活了。最终，丫丫放手了，母爱的伟大之处就在于当孩子需要保护的时候，母亲寸步不离，当孩子长大的时候，母亲给予自由。不过，很快，丫丫就会有新的孩子了。

每当春天来临的时候，母藏羚羊就会告别自己的老公，跋涉数千公里，赶往青藏高原的卓乃湖。整个夏天，母藏羚羊们都会在这儿生儿育女。小藏羚羊刚出生不久就会与母亲建立起牢不可破的生命联系。凭借这种联系，小藏羚羊得以在这个群体中免遭狼的杀戮。经过一个夏天，小藏羚羊已经足够强壮，可以随母藏羚羊返回栖息地了。秋天，母藏羚羊重新和雄藏羚羊相聚，准备孕育新的生命。

生命就这样随着四季流逝而生生死死，不断重复着轮回。

2. "轮回"是影片中经常出现的一个词，请结合影片内容谈谈你对"轮回"的理解。

提示："轮回"就是生生不息的生命往复的过程。用影片中的话来说，就是："少年长成大人，成人不断老去，老者轮回往生。死亡不是终点，它仅仅是生命循环往复轮回中的一个路标。"用通俗的话讲，就像四季流转一样，经过了春、夏、秋、冬的变化，春天又会来临。一个生命从生到死，新的生命又会重新降临，如此往复，便是轮回。

似乎有一种神秘的力量在助推"轮回"的实现。生命自然展开的过程无可遏制，哪怕再危险，生命也会选择不断成长。小熊猫美美对树顶的向往，金丝猴淘淘对爸爸的仰视，藏羚羊不远千里前往卓乃湖生儿育女，无不是这种内在的轮回之力在起作用。甚至可以说，那伟大的母爱也源自轮回之力。没有母爱的护佑，幼小的生命就难以茁壮成长。影片中丫丫对美美的呵护，母藏羚羊与小藏羚羊的生命连接，成年牦牛对小牦牛的拼死保护都是轮回之力的生动展现。

轮回，即意味着有生有死。在雪豹达娃的世界里，对岩羊生命的剥夺是为了延续自己和孩子的生命。牦牛母亲从达娃的口中救下了自己的孩子，达娃这位伟大的母亲却要因此而死。这便是轮回中的苦难。虽然有苦难，但总会有新的生命降生，于是便有了希望。万物便在这生死的轮回中生生不息地延续着。

3. 对于雪豹达娃来说，岩羊就是她的猎物，是她生命的源泉。这是不是说，对岩羊而言，达娃只是一个冷血的杀手，只会让自己的族群越来越少？

提示：大自然是个相互联系的整体，单方面的巧取豪夺是不可持续的。表面上看，雪豹在食物链的最顶端，对岩羊是单向的猎杀。实际上，正是因为有了雪豹的存在，岩羊才有了奔跑的动力，才能从整体上保持族群的健康。雪豹很难猎杀健壮的岩羊，她所猎杀的往往是老弱病残的岩羊。这种猎杀反倒从某种意义上赋予了岩羊群体超强的活力。同时，如果没有雪豹这一天敌，岩羊就可能会无节制地繁殖，对周围的资源环境造成毁灭性破坏，最终，岩羊也会走向灭绝。所以，大自然是一个整体，物种之间保持着一种微妙的平衡，如果打破这一平衡，就意味着灾难的开始，直至形成一种新的平衡。

4. 大熊猫丫丫总想照顾女儿美美一辈子，生怕她有个闪失。可是渐渐长大的美美却总想着摆脱妈妈的束缚，爬上高高的树顶。你觉得这对熊猫母女谁的想法正确？为什么？

提示：大熊猫丫丫出于母爱的本能护佑自己的孩子是无可厚非的。一旦过早地放手，小熊猫美美就可能因为缺乏经验而受伤。但如果美美不去尝试，她永远学不会爬树，永远无力自保。所以，内在的自然之力促使她不断去尝试。在护佑与放手之间也要寻求一种平衡。最好的选择就是在保证相对安全的前提下让孩子去亲历成长的过程。这对于人类的抚育同样有借鉴意义。

5. 金丝猴淘淘因为失宠而离家出走，又因为渴望温暖重归家庭，最终通过救护妹妹的壮举成为家族的英雄。你怎样看待淘淘的成长历程？

提示：在淘淘的成长历程中，有一个至关重要的因素，那就是爱。因为爱的缺失，淘淘选择了离开；又因为渴望得到关爱，淘淘重新选择了回归家庭；因为爱妹妹，所以才会有救妹妹的壮举，即使是出于本能的反应，也不能消解爱的力量。出走也罢，回归也好，其实都是成长所必需的。没有出走，难得自由地舒展，不回归家庭，就难以明白家庭的价值；没有救妹妹的壮举，就不足以证明淘淘已经足够强大。看似偶然的选择，实际上还是轮回之力在促成生命的成长。

 拓展延伸

1. 观看影片《狼图腾》，感受狼世界中的爱与苦难，进一步认识自然界万物的依存关系。

2. 制作一期动物专题海报，力求体现动物之间的相互联系。

3. 以"万物有灵"为题写一篇习作，用影片中的实例对这一观点进行说明。

取一半，留一半：
电影《蜂蜜之地》

□ 张秋侠（河南省夏邑县第四初级中学）

导演：塔玛拉·科特夫斯卡

卢博·斯特法诺夫

类型：纪录

制片国家／地区：北马其顿

上映年份：2019 年

德育主题

　　敬畏自然，与自然和谐相处，是人类摆脱幼稚、走向成熟的重要标志，也是小学高段重要的德育目标之一。《蜂蜜之地》通过养蜂人哈蒂兹的亲身经历，再现了人与自然保持平衡的秘密和意义。人类历史之所以能够延续至今，一切皆得益于大自然的恩赐。作为大自然的一部分，人类不能以主宰者自居，而应该对自然保持应有的谦恭与尊重。观看这部纪录片，可以帮助学生正确理解人与自然的平衡关系，学会与自然和谐相处。

电影赏读

一、情节回顾

　　在北马其顿的一个小山村，哈蒂兹和卧病在床的老母亲相依为命。哈蒂兹在悬崖峭壁上找到一窝野山蜂，带回家细心饲养。采蜜时，她始终坚守着"一半给我，一半给你们"的传统秘诀，自己拿走一半，剩下一半给蜜蜂。她偶尔去集市上卖掉蜂蜜，买回香蕉给母亲吃。

　　不久，游牧人侯赛因夫妇带着7个孩子和成群的牲畜来到这里。哈蒂兹给新邻居以足够的好感与善意，她给孩子们唱起古老的歌谣，和他们一起荡秋千，尤其是和Veli相处得最好。侯赛因也想养蜂赚钱，哈蒂兹就手把手教他建筑蜂巢，毫无保留地传授养蜂秘诀：不要过早采摘，采摘时"你拿走一半，也得留下一半"。

　　但是，追逐利润的商人总嫌蜂蜜不够多，为了挣钱，侯赛因提前采摘蜂蜜，

Veli告诫父亲"别把所有的蜂蜜都拿出来",却遭到父亲的警告。商人一次就要200公斤蜂蜜,侯赛因全家齐上阵,拿着喷烟器乱喷,取走了所有的蜂蜜。饥饿的蜜蜂开始攻击哈蒂兹的蜜蜂,哈蒂兹的蜜蜂活着的还不到5只。无奈之下,哈蒂兹到河边大树的树洞里去养蜂,用树叶小心翼翼地救下溺水的小蜜蜂。为了开发更多的资源,不顾哈蒂兹的强烈反对,侯赛因烧死村里的大树。商人又来催蜂蜜,蜂蜜"一点都不剩了"。侯赛因带着商人锯倒了哈蒂兹养蜂的那棵大树,掏出蜂后,取走了全部的蜂蜜。

哈蒂兹绝望地告诉母亲:"他们害死了我所有的蜜蜂,我一点办法都没有。"母亲难过地说:"神会惩罚他们,你不用这么担心。"不久,侯赛因家的牛病死了50头,他们不是反思自身,而是相互指责。空空的蓄水池里,一只乌龟在拼命攀爬,似乎想逃出生天,哈蒂兹把它送出了池子。

第二天,侯赛因一家浩浩荡荡地离开了,小山村恢复了以往的宁静。冬天来了,母亲死了,哈蒂兹深夜恸哭。哈蒂兹带着猎犬小杰克穿过雪原,爬上山崖，幸好，还有一些野山蜂。采蜜时，哈蒂兹仍然"取一半，留一半"，和小杰克一起分享着蜂蜜。

二、主题解读：与大自然和谐共生

长久以来，人类与其他生物在地球上同生共存。人类文明之所以能延续至今，均源于大自然的馈赠。作为自然界的一部分，人类应该懂得感恩，应对自然保持谦恭与尊重。但是，随着工业化的推进，狂妄无知的人想主宰整个自然，竟然以主人自居，肆无忌惮地攫取自然资源，污染了环境，破坏了生态平衡。受到大自然的疯狂报复，人类也走上了自我毁灭之路。怎样来维持地球上的生态平衡？人与自然该如何相处？纪录片《蜂蜜之地》给我们很多启示。

电影里，哈蒂兹和母亲相依为命，为了养家，哈蒂兹从峭壁上背回一些野山蜂，带回家里细心饲养。她唱着温柔的歌儿，仿佛在与蜜蜂亲昵交流，轻轻地吹走手背上的小蜜蜂，如同呼唤自己的孩子。取蜂蜜时，她坚守着传统的养蜂秘诀，"一半给我，一半给你们"。取出一半蜂蜜浇在岩石上喂蜜蜂。她认为蜂蜜是大自然对她的恩赐，她对大自然始终保持着谦恭与感恩，她非常知足，日子过得踏实安稳。

　　然而这一切很快结束了。游牧人侯赛因夫妇带着7个孩子和成群的鸡、牛、羊，浩浩荡荡地来到了这个小山村，开始了没有底线的破坏与掠夺。

　　哈蒂兹找侯赛因理论，侯赛因不思反悔，汲取教训，反而百般狡辩，无耻推诿。无奈之下，哈蒂兹只好自己转移地点，到河边的一棵大树的树洞里去养蜂。一只小蜜蜂溺水了，哈蒂兹小心翼翼地用树叶把它救上来，细心呵护这些小蜜蜂，体现了哈蒂兹对大自然的感恩和尊重。

　　蜜蜂都死了，为了开发更多的资源，侯赛因不顾哈蒂兹的强烈反对，一把火烧死了村里的大树，他要得到更多的草。商人又来催蜂蜜，但蜂蜜"一点都不剩了"。侯赛因竟然带着商人一起来到河边，锯倒了哈蒂兹养蜂的那棵大树，取走了树洞里最后的蜂蜜。

　　在冬天，哈蒂兹问母亲："春天啊春天，你能想象春天来了吗？"母亲说："当然，太多的冬天已经过去。"是啊，人类还有春天吗？希望总是有的，只要人类能够吸取教训，敬畏自然。仿佛受到神的召唤，哈蒂兹带着猎犬（小杰克）来到悬崖峭壁上，果然还有野山蜂。采蜜的时候，哈蒂兹仍然遵守着"取一半，留一半"的原则，仿佛在兑现对大自然的承诺。岩石上，哈蒂兹和小杰克一起分享着蜂蜜，人与自然如此亲密，此刻，电影画面极美极温馨。远方似乎有光，哈蒂兹眼里又涌起了希望。

这个故事给我们留下很多启示：我们绝不能像侯赛因那样，肆无忌惮地向大自然过度索取。道家主张顺其自然，反对人类肆意乱为。儒家也主张天人合一，反对过度砍伐森林、捕捞鱼鳖。地球是人类和其他生物共同的家园，我们不能只站在人类的立场上，而应该立足长远，顾全大局，学会与其他生物同生共存，像哈蒂兹那样，"一半给我，一半给你们"。在享用大自然恩赐时，也给其他生命留下余地。只有人与自然和谐相处，生态才能维持平衡，地球才有美好的未来。

电影对对碰

一、观影准备

1. 查资料：请查找、观看养蜂场等相关视频资料，或者亲自去养蜂场了解相关情况。

2. 思考：清朝前期，人们曾经大量开荒种地，为什么后来人又要退耕还林？

二、电影沙龙

1. 影片中哈蒂兹是个怎样的人？采蜂蜜时，她为何取一半留一半？

提示：哈蒂兹善良又热情，对待邻居非常友好，经常和孩子们聊天、玩耍、唱古老的歌谣，还毫无保留地教邻居养蜂的方法和秘诀，甚至手把手教邻居如何建筑蜂巢。哈蒂兹内心淳朴，懂得感恩。她很爱母亲，母亲年迈，卧病在床，她非常耐心地侍奉着。她对大自然也秉持着谦恭之心，虽然以养蜂为生，但她认为蜂蜜是蜜蜂对她的恩赐，所以，她对蜜蜂非常温柔，从不像邻居那样拿着喷烟器到处乱喷。放蜂的时候，她总是唱着美丽的歌谣，似乎在和蜜蜂亲昵交流，如同对待自己的孩子一样。她遵循自然规律，从不过早采蜂蜜。采蜜时，她始终坚守着"取一半，留一半"的原则，自己取走一半，留下一半给蜜蜂。留与取之间，似乎是她与蜜蜂之间心照不宣的约定。

2.邻居侯赛因为什么不顾哈蒂兹"取一半，留一半"的告诫，取走了全部的蜂蜜？除此之外，他还有哪些类似的行为？

提示：邻居侯赛因不顾哈蒂兹"取一半，留一半"的告诫，取走了全部的蜂蜜，是因为他内心的贪欲。为了谋求最大利益，贪得无厌的他肆意践踏自然规律，不管蜜蜂的死活，也不管邻居哈蒂兹还要生活。一旦被贪念吞噬，人就变成了魔鬼。

此外，他还提前采蜜，当蜂蜜"一点都不剩了"的时候，他竟然带着商人锯倒了哈蒂兹养蜂的大树。掏出蜂后，他又取走最后的所有蜂蜜。另外，为了掠夺更多的资源，侯赛因不顾哈蒂兹的阻拦，还放火烧掉了村里的大树，使蜜

蜂失去了生存的家园。他还开垦荒地种上玉米，严重破坏了当地的植被。

3. 在对待大自然的问题上，哈蒂兹、商人和侯赛因有什么不同？各产生了什么结果？给我们留下什么教训或启示？

提示：哈蒂兹对大自然始终保持着谦恭和感恩之心。她虽以养蜂为生，但她认为蜂蜜是蜜蜂留给人类的，是大自然赠予人类的礼物。采蜜时，她始终坚守着一条原则："一半给我，一半给你们。"如同坚守着对大自然的承诺，自己取走一半，留下一半给蜜蜂，以此来维持人与自然的平衡。

商人眼里只有利润，对大自然没有丝毫敬畏之心。为了利益最大化，商人完全不顾时令季节，让侯赛因提早采摘蜂蜜。为了一次能买 200 公斤蜂蜜，商人催着侯赛因一家取完了所有的蜂蜜。侯赛因说蜂蜜"一点都不剩了"。他还提出质疑，和侯赛因一起到处寻找蜂蜜，用电锯锯倒了哈蒂兹养蜂的大树，从树洞里取走了最后的蜂蜜。在商人眼里只有钱，没有人，更没有蜂蜜。大自然的一切都是他获利的工具。结果是蜜蜂全部死了，他再也没钱可赚，如同杀鸡取卵，得不偿失。

侯赛因对大自然也缺乏应有的敬畏。为了养活一大堆孩子，他不顾哈蒂兹的警告提前采蜜，被蜜蜂蜇得鼻青脸肿，只得拿着喷烟器乱喷。为了满足贪欲，他不顾"取一半，留一半"的告诫，取走了所有蜂蜜。蜜蜂给了他蜂蜜，他又给蜜蜂留下了什么？结果，他和哈蒂兹的蜜蜂都死了。他还开荒种地，破坏了植被。为了攫取更多资源，他不顾哈蒂兹的劝阻，放火烧了

村里的大树。最终，他养的牛病死了50头。他对大自然的过度掠夺破坏了当地的生态平衡，最终难逃大自然的疯狂报复。

教训：我们绝不能像商人和侯赛因那样，肆无忌惮地向大自然过度索取，一旦破坏了生态平衡，很多生物就会因此灭绝。《美国国家地理》报道：在人类活动的干预下，现在的物种灭绝的速度提高了1000倍。人类的贪婪（比如贪食野味），甚至引发瘟疫。纵观整个近代史，人类的主要杀手是天花、流感、肺结核、疟疾、麻疹和霍乱等，这些都是从动物的疾病演化而来。据统计，二战中死于战争引起的疾病的比死于战斗创伤的还要多。尤其是最近几年的蜜蜂危机，新冠肺炎疫情导致养蜂人转场困难，造成蜜蜂大量死亡。对大自然过分索取，一旦生态失衡，一定会受到自然的反噬，如同涸泽而渔，自毁前程。

启示：人类只是大自然的一部分，人类历史之所以能延续至今，均源于大自然的滋养和馈赠。我们应该懂得感恩，应该像哈蒂兹那样，对自然始终保持一份谦恭与尊重。在享受大自然的恩赐时，我们要克服内心的贪念，立足长远，维持好生态平衡，给未来发展留下余地。

4. 你如何理解哈蒂兹母女关于春天的对话？看到哈蒂兹和小杰克在岩石上共享蜂蜜的情景，你有什么感受？

提示：根据自身感受，畅所欲言即可。哈蒂兹问母亲："春天啊春天，你能想象春天要来了吗？你喜欢春天吗？"母亲回答说："当然，太多的冬天已经过去。"或许，遭到大自然疯狂报复以后，人类会吸取这些惨痛教训，开始敬畏自然，保持生态平衡，走上可持续发展的希望之路。片尾，哈蒂兹和小杰克共享蜂蜜的一幕，极美，极温馨，我被震撼到了，似乎看到了春天的曙光。

 拓展延伸

1. 阅读威廉·麦克尼尔写的《瘟疫与人》，进一步理解人与自然的关系。

2. 调查周围环境中存在哪些生态问题，并以保持生态平衡为主题，写一篇调查报告。

倾听自然的呼唤

电影《海洋》

□ 刘会忠（山东省东营市利津县汀罗镇中心小学）

导演：雅克·贝汉／雅克·克鲁奥德

类型：纪录

制片国家／地区：法国／瑞士／西班牙

上映年份：2011 年

133

德育主题

了解人类不恰当的活动对自然环境造成的破坏，提高环保意识，是小学高段的德育目标之一。雅克·贝汉导演的《海洋》以其恢宏的场面和震撼人心的画面生动表现了海洋生物的纷繁多样和人类活动给海洋生物带来的无穷灾难，是帮助学生了解海洋灾难、增强环保意识的优秀影片。

电影赏读

一、情节回顾

有个小男孩问："海洋是什么？"对于这个问题，用科学的概念或翔实的数据都无法揭示海洋的全貌。于是，著名导演雅克·贝汉用鲜活的镜头向我们展示了一个富有生命活力的海洋世界。随着镜头的转接，海鬣蜥冒出水面，接着，海鱼、海鸟、海狮、鲸鱼等海洋动物陆陆续续入场，让我们的眼睛应接不暇。在这个海洋世界里，各种动物展现出纷繁多样的生命形态：座头鲸不时冲出水面，用巨大的双鳍拍打着海浪；毯子章鱼就像一张阿拉伯人戴的围巾一样在水中漫游；寄居蟹警惕地整理着自己刚刚发现的"新家"；隆头鱼在洁白的水母群中大摇大摆地穿梭；长吻原海豚急速地跃出海面，旋转几圈后又斜刺入水；虎鲸隐藏在浪涛中准备捕食海滩上的海豹；鱼群像被施了魔法一样不断变换着"阵形"；棱皮龟迟缓地爬向岸上，任凭海水一次一次地拍打；骄傲的海鸟俯视着下方的一切，随时准备捕杀水中的游鱼；驼背鲸从水面昂起硕大的脑袋……

在这个海洋世界里，有和谐的共生现象，也有"大鱼吃小鱼"的残酷捕杀。

休息的海豹憨态可掬，刚睡醒的小海豹追着妈妈找奶吃。白天孵化出来的小海龟急切地爬向大海，却成了军舰鸟的美食，只有极少数的小海龟能顺利回到海洋。有些陆生动物又回到了海洋，儒艮便是一例。一群凤尾鱼围绕着鲸鲨，鲸鲨既是鱼群的保护者，又是掠食者，这正是一种奇妙的现象。看似笨拙的企鹅在水中却是游泳健将，长有獠牙的海象怀抱小海象的时候却极尽温柔。

大海本来自成一个几近完美的生物圈，人类的出现却打破了这一平衡。在短短一代人的时间里，无数物种濒临灭绝。动物之间的杀戮是为了生存，唯有人类的杀戮是因为贪婪和游戏。无数的污水和杂物被排入海洋，随着气候变暖，连原本是净土的南北两极都可能开发商业海道，届时，这里的动物又将遭受毁灭性的打击。保护海洋已经刻不容缓了。

二、主题解读：敬畏生命，保护海洋

在我们这个蓝色的星球上，海洋占据了三分之二的面积，但是，我们对海洋却缺乏足够的敬畏与了解。原本，生命即起源于海洋，海洋一直在无私地为人类提供生存之源。但是，人类却被贪欲和自负蒙蔽了心智，对大海的怒吼和反抗听而不闻，只为满足自己的需要肆意往海洋中排放污水和垃圾，甚至不顾物种的灭绝滥杀滥捕。如今，随着气候逐渐变暖，两极的冰山开始融化，人类为了自己的利益很可能会开发新的商业航道，地球上最后的两块净土也将遭到污染和破坏。届时，那些以海洋为生的动物将何去何从呢？

鲁迅曾说，所谓悲剧，就是"把美好的事物毁灭给人看"。如果你真正了解了海洋，见识了海洋生命的多姿多彩，自然会深恶痛绝于人类对海洋的污染与破坏，自然会将无数海洋动物物种的灭绝视为不折不扣的悲剧。

影片中展现的海洋动物以其丰富的生命姿态和旺盛的生命力让人心生敬畏。即使是一滴小小的水珠，如果看得足够仔细，你会发现里面海胆的卵就像一颗颗美丽的行星，徜徉其中；而水珠中那一粒粒甲壳动物的卵，就好似未知的外星球。随着卵中心脏的跳动，一个新"宇宙"诞生了！如果退后一步看，能很容易看清生命是如何开始的。随着水的波动，新的生命会随着水波遍布全世界，散布、繁衍、适应、进化，一切是那么奇妙。

随着镜头的切换，我们看到毯子章鱼真的犹如一张阿拉伯人戴的围巾一样在水中优美地"漂过"；灵巧的海豚不时跃出海面，在空中迅疾地翻转几圈，

绘制一道美丽的弧线后再次斜身入水。那姿态,远胜过人类最出色的游泳健将。与海豚的优雅不同,鲸鱼的出水则伴着惊涛骇浪,气势足够恢宏。大鱼如此,小鱼也不甘落后。鱼群就像神奇的魔方一样不断变换着形状,时而如旋转的陀螺,时而像游动的蚕蛹,令人叹为观止。

海洋动物看似冷漠,实则有温情的一面。海豹在吃饱喝足之后,会慵懒地躺在沙滩上,对从身边爬过的螃蟹毫不在意;人人谈之色变的鲨鱼也不过是隐含了一抹微笑,可以和人伴游。

也许有人问,弱肉强食乃是自然法则,难道不够残酷吗?大自然本就是一个生生不息的整体,对一个生命的剥夺是为了另一个生命的延续。这种剥夺固然有几分血性和残酷,却是物种延续的必然选择。它们的捕杀只为续命,没有哪种动物为了游戏而杀戮。数以百万的物种已经在海洋中延续了千万年,从来没有哪个物种因为生物圈内的杀戮而灭绝,是人类的出现打破了这一平衡。在短短几十年的时间里,儒艮、蓝鳍金枪鱼、蓝鲸、新西兰海狮、棱皮龟等一系列海洋生物因为生存环境的恶化和人类的捕杀濒临灭绝。人类,成了海洋动物最大的天敌。

人类原本是自然的一部分，应该与自然和谐相处。但是短视、自负以及膨胀的欲望却让某些人误以为自己是自然的主宰，可以肆意地予求予取。当大自然真正发怒的时候，人类必然会为自己愚蠢的行径付出惨重的代价。

好在已经有越来越多的人认识到了保护自然的重要性。这部影片所呈现的美好足以激荡人心，对海洋动物的虐杀足以激人愤慨。当我们问"海洋是什么"的时候，更应该问问"我是谁"。我们不是海洋的主宰，我们没有权利为了一己私利对海洋动物进行无差别捕杀。我们原本就是自然的一部分，理应与自然和谐共处。不能让我们的后代只在博物馆中看那些海洋动物的标本。正如影片中说的："在台风来临的时候，我们能够并肩携手渡过难关，为什么不能携手努力保护海洋呢？"

 **电影对对碰**

一、观影准备

1. 小调查。

（1）在你看来，海洋是什么？

（2）你对海洋动物有哪些了解？你知道有哪些海洋动物因为人类的捕杀和生存环境的恶化濒临灭绝？

2. 你如何看待人类自身发展与开发海洋的关系？

二、电影沙龙

1. 在影片的解说词中，有这样一句话："某种意义上说，海洋是活的。"请结合影片内容说说你对这句话的理解。

提示：几十亿年前，海洋中已经孕育出了生命。这些生命不断繁殖、进化，最终形成了今天的样貌。在海洋里，哪怕是一滴小小的水珠，细细观看，也能发现有卵徜徉其中，不久就会有新的生命诞生。海洋为所有的物种提供了足够广阔的空间，让它们有机会不断尝试，拥有了万千形态。鲸鱼庞大无比，儒艮体型健壮，海狮丰满圆润，毯子章鱼犹如一张阿拉伯人戴的围巾……各种动物都有自己的生存之道：海豚捕食时会不断跃起、落下、冲散聚集在一起的鱼群；海鸟发现鱼群时能自天空收紧双翼，像利剑一样直刺水中捕食；乌贼是伪装大师，能与周围环境融为一体，当猎物游过时能以迅雷不及掩耳之势将其捕杀；小丑鱼对海葵的麻醉有天生的免疫力，可以借助海葵捕食猎物……一切是那么富有智慧，又是那么富有活力。鲸鱼的仰天长啸，海豚的空中芭蕾，企鹅的出水上冰，都呈现出无尽的美感。海洋是活的，因为海洋不仅孕育了生命，也因生命的存在而活力四射。海洋是活的，因为内育其中的生命在不断地进化、抗争。

2. 影片中，人类活动给海洋动物带来了哪些灾难？

提示：在影片中，最令人痛心的是人类对海洋环境的破坏。通过卫星图片，我们可以看到人类制造的各种污水和杂物不断从河口涌入，像脉络一样渗透到深海，污染后的海洋再也不是动物的乐园。为了从海洋中攫取利益，人类的捕鱼船越来越大，捕鱼网越来越细密，这种无差别的捕杀直接摧毁了海洋动物的再生能力。因为生存环境的恶化和人类的滥捕滥杀，已经导致了大量海洋物种数量锐减，很多动物濒临灭绝。影片中出现的儒艮、蓝鳍金枪鱼、蓝鲸、新西兰海狮、棱皮龟等一系列海洋生物如今都已难得一见，到了濒临灭绝的边缘。那些生活在被污染海域的动物，即便没有灭绝，身体也会出现变异，一步步走向死亡。随着气候变暖，北极很可能开发商业航道，届时，人类的足迹将会踏碎这最后的净土，生存于北冰洋的动物又将面临死亡的威胁。由此可见，人类的不当行为，成了海洋动物生存的最大威胁。

　　3. 在海洋中，"大鱼吃小鱼"是普遍的生存现象，这种现象和人类的捕鱼行为有什么本质上的不同？

　　提示：在人类介入之前，海洋自成一体，是一个大生物圈。在这个生物圈里，各种动物之间构成了相互依存的生物链。所谓"大鱼吃小鱼"是生物链中的自然一环，是生存所必需的，这种杀戮非但不会造成物种的灭绝，反而在微妙的平衡中能够促进物种的进化和群体的健康。人类最初的捕鱼方式极其简单，捕鱼的目的仅仅是满足生存需要，因此从数量上讲不可能危及物种安全。但随着人类的逐渐强大，捕鱼不再是仅仅为了满足个体的生存需要，而是为了攫取巨大的商业利益，有的甚至仅仅是为了满足游戏的恶趣。这种情况下发生的捕杀

是反自然的，因为捕杀的速度远远超过了物种的再生速度，必然会导致物种的濒危甚至灭绝。平衡与反平衡是二者

最本质的区别。前者是自然之道，后者是贪欲引发的灾难。

4."人类的冷漠酿成了海洋的灾难，如果不知收敛，总有一天人类也会遭受来自海洋的报复。"请你结合具体事例谈谈对这句话的理解。

提示：人类出于自身利益的考量，无节制地开发海洋资源，污染海洋环境，看似是单向的利益获取，实际上，如果不加节制，必然会导致海洋的反噬。举例来说，人类不断把污水排入海洋，污染了水域，必然会危及海洋动物的生存。面对生存环境的突然变化，海洋动物不可能在短时间内进化到不受侵害的程度，于是各种有毒物质就会在动物体内留存堆积。当人类再在被污染的海域进行捕捞作业时，受污染的海洋资源会再次进入人类的生活，人类必然会自食恶果。再如，如果不限制人类的捕捞行为，过度的捕捞必然会导致物种的大量减少乃至灭绝，迟早有一天，渔民会陷入无鱼可捕的窘境。还有，开发北极海道自然具有很大的商业价值，但是，一旦开通，整个北极的自然生态会受到影响，有可能会加速冰山融化的进程，导致海平面上升，整个生态圈的平衡被打破，大量的沿海城市也会被淹没，由此引发的生态灾难和气候灾难将是人类无法承受的。

总之，人类对海洋资源的攫取绝不是单向的取利行为，如果不知收敛，必然会危及自身的安全。

5.你知道人们为了保护海洋做出了哪些努力？

提示：就像影片中提到的那样，已经有越来越多的人意识到了保护海洋的重要性，他们迫切地进

入海洋，了解海洋的秘密，向人们展示海洋的美好，从而唤起人们保护海洋的意识。从国家层面上讲，很多国家制定了本国的海洋法，以立法的方式确保海洋不被污染和破坏；还有的国家建立了专门的海洋保护区。我国在 1982 年就制定了《中华人民共和国海洋环境保护法》；全国已建成各类海洋自然保护区 80 余个，其中国家级海洋自然保护区 24 个。这些海洋自然保护区保护了中华白海豚等珍稀濒危海洋动物及其栖息地，也保护了红树林、珊瑚礁、滨海湿地等典型海洋生态系统。

6. 你打算为保护海洋动物做点什么？

提示：畅所欲言即可。如：通过进一步观看相关影片或阅读相关书籍了解海洋，提高个人的环保意识；号召周围的人了解海洋，进而爱护海洋；通过制作手抄报等方式，让更多人了解海洋；发起保护海洋的倡议；举办濒危海洋动物图片展，唤起人们保护海洋的意识；通过网络传递保护海洋的积极信息等。

 拓展延伸

1. 观看影片《海豚湾》，进一步了解人类的不当行为对动物产生的严重危害，增强环保意识。

2. 与同学合作办一期海洋濒危动物图片展，号召更多的人了解海洋、保护海洋。

3. 以"海洋动物的倾诉"为题写一篇习作，从动物自身的角度表述人类活动给海洋动物带来的灾难。

保护环境，从我做起
电影《二月泉》

□张秋侠（河南省夏邑县第四初级中学）

导演：顾伟

类型：剧情

制片国家／地区：中国

上映年份：2019 年

德育主题

环境恶化已成为当今社会的重大问题，严重威胁着人类的生存。保护环境，人人有责，是每一个青少年应有的素质，也是小学高段非常重要的德育目标之一。《二月泉》以清泉村触目惊心的悲剧为主线，再现了环境污染带来的沉重灾难。观看这部电影，可以帮助青少年理解保护环境的重要性和紧迫性，对自然保持敬畏之心，树立绿色环保理念，用心呵护我们的家园。

电影赏读

一、情节回顾

夏夜，清泉村的农民张强给大树浇水，救下了被人活埋的程刚。五年后，程刚开着奔驰来到清泉村，给钱让张强妻子去看病，又送来了投影仪和舞蹈老师，帮助张强女儿大月备考电影学院。程刚说："这年头，有钱就行。"

邻居李建国得了癌症，他妻子向张强求助，说鱼塘的鱼苗死光了，被张强冷漠地拒绝了。一番勤学苦练，大月舞姿优美。不久，大月得了白血病。程刚请大师去看风水，但于事无补。大月坟前，程刚给张强一笔巨款，又找大师送来一对石狮子辟邪。一年后，二月也得了白血病。张强接了纸厂排出的污水去化验，结果砷、锰严重超标，村里已经有好几个人得了癌症。张强想把厂子关了，但程刚不答应。村里的小溪经常有死鱼漂上来，程刚仍坚持把树砍了变成纸，换成钱。张强说，村里添了很多新坟头，二月也没有多少日子了，都是被这黑漆漆的水给害的。程刚却说是风水不好。看着两人打了起来，二月泪流满面。

张强喝下白酒后，开车去砸了纸厂的设备，两人从此反目成仇，程刚派三个保镖紧紧盯住张强。村里的溪水仍然是黑漆漆的，路边又添几座新坟。二月坟前，张强欲哭无泪，但纸厂仍然排着黑水。张强把轿车推下悬崖，用鲜血写下举报信，蹬三轮车出去时被保镖暴打一顿。李建国的妻子劝张强认命，但张强说："我的两个女儿还在这儿，我要让她们喝上干干净净的泉水。"程刚让保镖把张强埋在大树下，但张强硬撑了过来。程刚又让保镖掂着汽油去烧死张强，张强觉察后，打晕了保镖，把汽油浇在程刚身上，点根烟扔过去，程刚在奔驰车里化为火焰。

张强来到大月和二月坟前，摩挲、亲吻着女儿的墓碑。恍惚间女儿坟前涌出了两股清泉，黑白画面瞬间变成了青山绿水，整个世界顿时五彩缤纷。

二、主题解读：保护环境，守护我们的绿色家园

随着工业化的推进，环境污染成为严重问题。不加节制地排放污水，玷污了哺育人类的绿水；肆意妄为乱砍滥伐，破坏了郁郁葱葱的青山。大气被污染，水被污染，甚至海洋也被污染。这些污染带来温室效应，引发生态失

衡等一系列灾难，直接威胁着地球上的一切生物。以牺牲环境为代价，人类走上了自我毁灭之路。环境危机不仅是生态问题，也是人类面临的重大经济和社会问题。

如何解决这些问题？电影《二月泉》给我们提供了很多警醒和启示。

影片中，清泉村的张强曾救过程刚的命。改革开放初期，程刚来找张强报恩。张强女儿大月喜欢艺术，想考电影学院，程刚送来投影仪和舞蹈老师，并劝张强支持大月考电影学院，毕业后给她投资拍电影。程刚说："这年头，有钱就行。"为了钱，"把树砍了变成纸，换成钱，把山上的矿石弄成卖钱的货"。程刚开矿设厂虽然挣了一些钱，却严重污染了空气和水资源。张强经常洗车，因为村里尘土飞扬。纸厂排出的污水里，砷超标6倍，锰超标8倍，被人饮用会得严重疾病。这些污水流入小溪，甚至渗入地下，清清小溪变成了黑水，时常有死鱼漂上来，李建国家的鱼塘里的鱼苗都死光了，大月和二月先后得了白血病，很多村民得了癌症。村边不断有新坟出现，衰草遍地，垃圾横飞。看到这恶果，张强想把厂子关了，但程刚眼里只认钱，就是不肯关。

从大月生病开始，母亲经常在佛前祷告，程刚也请所谓的大师去看风水，按大师指示砍掉门前的树，还送来一对石狮子辟邪，也没救回张强女儿的命。村里也有一尊尊佛像，程刚也经常跪拜龙王庙、土地庙、财神殿。但是，鱼塘里的鱼苗死了，鱼缸里的金鱼死了，小溪里的鱼死了，大月死了，二月死了，李建国死了，其他村民也接二连三地死了。矿场里机器继续轰鸣，纸厂继续排着污水，环境继续恶化，求神拜佛也不管用。

想结束这不幸的一切，还得靠自身努力。所有灾难均源于环境污染，张强先拿着化验单让程刚把纸厂关了，未果，又去纸厂砸了机器设备。面对曾经绿树成荫的秃山，张强双膝跪地，愧疚无比。然后，他决绝地把轿车推下悬崖，用实际行动告别这罪恶的一切。回到家里，他用鲜血写下举报信，举报途中遭到暴打也绝不屈服。李建国的妻子劝他认命，他说："我不走，我的两个女儿还在这儿，我要让她们喝上干干净净的泉水。"他被埋进土里也绝不求饶，硬撑到天亮。被保镖点汽油烧死前，张强绝地反击，以彼之道，还施彼身，程刚和他的奔驰车化为一团火焰。

厂矿终于关了，女儿坟前汩汩涌起两股清泉。若泉下有知，大月和二月终于可以喝上干干净净的水了。

张强终于如愿以偿，清泉村也恢复了山清水秀的模样。

这场悲剧给我们留下很多警醒：我们绝不能像程刚那样，一切向钱看。想挣钱不可耻，可耻的是眼里只认钱。如果世界上连一口干净的空气、一口干净的水都没有，挣再多的钱也是死路一条。人类只是自然的一部分，人类历史之所以能延续至今，是因为得益于大自然的滋养和馈赠。我们应该对自然保持敬畏之心，与大自然和谐相处。人类只有一个地球，一旦遭到破坏，我们将无处可去，保护环境，人人有责。从国家角度讲，发展经济的同时要

避免环境污染，走可持续发展之路。从个人角度来说，保护环境应该从我们自身做起，比如，不浪费纸张、不使用一次性筷子、不用一次性塑料袋、多植树、爱护草坪、不随地吐痰、坚持垃圾分类、不抽烟、出行多步行、远程坐公交，等等。保护环境，从当下做起，从点滴做起，用心呵护我们绿色的家园。

 **电影对对碰**

一、观影准备

1. 查找相关资料，了解环境污染的原因及危害。

2. 你认为应该如何减少环境污染？为了保护环境，你有哪些具体打算？

二、电影沙龙

1. 大月和二月原本是怎样的姑娘？为什么后来都得了白血病？清泉村还有哪些类似的悲剧？

提示：大月和二月是张强的两个女儿，健康美丽又善良，拥有美好的梦想。

大月喜欢艺术，想考电影学院；二月爱好歌唱，想考音乐学院。她俩都非常勤奋努力，大月经常在大树下翩翩起舞，舞姿灵动优美；二月爱唱《隐形的翅膀》，希望梦想都开花，一切都是美好的模样。可惜好景不长，大月和二月先后得了白血病。

这一切悲剧皆源于环境污染，程刚开矿场，办纸厂，空气被污染，村里尘土飞扬。尤其是程刚的纸厂，一直排出黑漆漆的污水，化验结果是砷超标 6 倍，锰超标 8 倍。这样的污水流入小溪，渗入地下，污染了当地水资源。长期饮用这样的水，会中毒、致癌等，尤其会增加白血病等癌症的患病概率。大月和二月未能幸免，都死于白血病。

被纸厂的黑水污染后，清澈的小溪变成了黑水，时常有死鱼漂上来。鱼缸里的鱼死了，李建国鱼塘里的鱼苗也死光了，李建国和很多村民得了癌症。村边不断有新坟出现，田野里衰草遍地，垃圾横飞。

2. 程刚说："这年头，有钱就行。"为了钱，"把树砍了变成纸，换成钱，把山上的矿石弄成卖钱的货"。你同意他的说法吗？应该如何看待赚钱与环保的关系？

提示：不同意程刚的说法。因为，人不能只认钱。这年头挣钱不可耻，可耻的是为了挣钱不择手段。例如程刚，开矿设厂也不为错，错就错在他没有做好相应的环保工作，排放的污水中砷、锰等元素严重超标，污染了小溪和地下水源，鱼虾因之死亡，青山绿水变成了秃山死水，大月、二月和很多村民也因此丧命。假如世界上连一口干净的空气、一口干净的水都没有，挣再多的钱也是死路一条。以牺牲环境为代价，无异于饮鸩止渴。

工业化（比如开矿设厂）为人类创造了巨大的物质财富，也破坏了人类赖以生存的环境，给人们带来了前所未有的厄运。如果以污染环境为代价，迟早要受到自然界的疯狂报复。君子爱财，取之有道。经济要发展，但不能一切向钱看，一定要守住绿色环保的底线，保护好环境，坚持可持续发展。绿水青山才是金山银山，只有把家园看得比金钱更重要，世界才会更美好。

3. 自从大月生病以后，父母和程刚都做了什么？结果如何？你从中能得到什么启示？

提示：大月生病以后，母亲经常在佛前虔诚地祈祷，程刚请大师来大月家看风水，张强按照大师的吩咐砍倒了门前的大树，却没救回大月的命。大月死后，程刚又听从大师的安排，送来了一对石狮子，说能辟邪。一年后，二月也得了白血病。后来，程刚经常去龙王庙、土地庙、财神殿求拜，但也没有保住二月的命。村里也有一尊尊佛像，但李建国和村民们还是不断地死去。只要矿场里机器继续轰鸣，纸厂继续排着污水，水源继续恶化，求再多的神、拜再多的佛也不管用。

想从根本上结束污染，还得靠自身努力。张强先拿着化验单让程刚把纸厂关了，程刚不答应。张强又去纸厂砸了机器设备。面对曾经绿树成荫的秃山，张强双膝跪下，他觉得愧对乡亲，愧对曾经的青山绿水。张强把挣来的轿车推下悬崖，彻底与过去告别。然后用鲜血写下举报信，途中被暴打一顿也绝不退缩。李建国的妻子劝他认命，他说："我不走，我的两个女儿还在这儿，我要

让她们喝上干干净净的泉水。"为了实现心愿，他被埋在坑里也绝不求饶，被点汽油烧死前强悍反击，把程刚烧死在奔驰车里。罪恶的厂矿终于关了，女儿坟前汩汩涌起两股清泉。张强如愿以偿，清泉村也恢复了山清水秀的模样。

启示：解决环境污染问题，必须人人努力。保护环境，人人有责，守护家园，从我做起。

4. 这部电影的名字为什么叫《二月泉》，你认为有哪些原因？电影前面都是黑白画面，为何最后五分钟突然换成了彩色画面？

提示：学生可以根据自己的理解畅所欲言。比如，张强生活在清泉村，村里有一眼清泉，汩汩地往外冒着清清泉水，像电影中的配乐《二泉映月》那样淙淙流淌着，滋养着绿树环绕的小山村。另外，张强给女儿起名叫大月和二月，二月也喜欢弹奏《二泉映月》。女儿因为水污染丧命以后，爱女情深的张强更希望女儿能喝上干干净净的泉水。这是张强最后的心愿，支撑着张强不畏强暴，努力抗争，终于关了纸厂和矿场，大月、二月的坟前冒出了两股清泉，这二泉映月的美好画面，是张强梦寐以求的。

影片前面的黑白画面始终给人一种压抑感，它浓浓地渲染着清泉村环境被破坏，空气和水被严重污染的氛围，暗示着整个村子都笼罩在阴影之中。后来厂矿被关后，当大月、二月坟前涌出两股清泉，黑白画风突然变成了彩色，昭示着解决了环境污染问题，乌云散去，山清水秀，五色缤纷，整个世界恢复了应有的美丽色彩。

5. 保护环境是每一个公民应尽的责任和义务。作为学生，我们应该怎么做？

提示：保护环境不只是一句口号，我们要内化于心，外化于行。首先，保护环境应该从我做起，从当下做起，比如，不浪费纸张、减少乱砍滥伐。作家张晓风说："每一张纸都是一截树木为我们粉身碎骨后的遗容，我们理当感恩怀德。"灾难在每一棵大树的倒下开始，福报从每一棵小草的成长起步。我们尽量不使用一次性筷子，不踩踏草坪；不乱扔垃圾，坚持垃圾分类、循环利用；不使用一次性塑料袋，减少白色污染；不抽烟，不随地吐痰，外出尽量步行，远途尽量坐公交，减少大气污染。然后，我们可以做一个环保志愿者，积极宣传环保思想，比如，去公园提醒人们不要踩草坪，不要乱扔垃圾，等等。也可以帮助环卫工人打扫卫生，亲身体验乱扔垃圾的坏处，等等。总之，为了守护绿色家园，我们要尽自己一份力。

 **拓展延伸**

1. 观看影片《环保局长》，进一步了解中国当下的环境污染及其治理问题，强化环保意识。

2. 以班级或小组为单位，以环保为主题开展综合实践活动，调查当地是否存在环境污染及其如何治理等问题。

提示：可以根据实际情况分类进行，比如，以地域为单位进行综合考察，可以调研某一社区的饮水及生活垃圾等所有环境问题；也可以围绕某一个具体问题进行，比如，调研某一工厂的污水排放问题；或者直接调查所在学校的纸张浪费等问题；也可以走近环卫工人，了解大街上存在哪些卫生问题。如果在调查中发现了环境污染，一定要想办法做好沟通与协调，必要时反馈到环保部门，尽快解决污染问题。

第四板块

价值体认与理想信念

守护心灵，追求自由

电影《少年斯派维的奇异旅行》

□张秋侠（河南省夏邑县第四初级中学）

导演：让·皮埃尔·热内

类型：剧情／冒险／家庭

制片国家／地区：法国／澳大利亚／

加拿大

上映年份：2013 年

德育主题

> 追求自由是人的天性，真正的自由是心灵的自由。尼采说："只有在创造中才有自由。"了解自由的要义，在不断创造中追求心灵的自由，是小学高年级的德育目标之一。《少年斯派维的奇异旅行》通过少年斯派维的旅行故事，揭示了自由的内涵以及追求自由的奥秘。观看这部电影，可以帮助青少年树立正确的自由观，最终成为一个自我实现的自由人。

电影赏读

一、情节回顾

少年斯派维生活在美国蒙大拿州的铜顶牧场。父亲是个狂热的牛仔迷，弟弟热爱运动和射击，姐姐渴望参加选美，妈妈痴迷于昆虫研究，斯派维喜欢发明创造，对科学实验情有独钟。

一年前，斯派维开始挑战揭开永动机之谜，一年后他的永动机设计获得世界科学大奖贝尔德奖，史密森学院邀请他去华盛顿领奖，他拒绝了。弟弟去年死于枪支意外走火，那一刻斯派维就在现场测量枪声波。弟弟死后，没有人谈起这件事，斯派维却一直很自责。斯派维在学校受到嘲讽，似乎家人也不需要他，斯派维改变了主意，决定前往史密森学院领奖。

于是，他告别了弟弟的房间，顺手带走了妈妈的日记本。途中遇到父亲的车从身边驶过，却没有停下来，斯派维以为父亲还在责怪他。斯派维爬上货运火车，藏进火车上的房车躲过安检。火车停站休息，斯派维下来寻找食物时遇到了"两朵云"，这个老头给斯派维讲了麻雀寻找栖木的故事。买食物时斯派维看到了警察发放的寻人启事，才知道父母在到处找他，他也很想家，就翻开了母亲的日记本，才知道妈妈实际上一直还很在意自己的孩子。

到达目的地，斯派维下了火车，摆脱了警察的追赶，搭上一辆货卡。司机把他送到史密森学院门口，学院干事接待了他。发表获奖感言时，斯派维沉痛地倾诉着弟弟的死。颁奖结束后，母亲出现在访谈现场，她告诉斯派维："这不是你的错！"两人紧紧拥抱在一起。离开节目现场时，

父亲微笑着告诉斯派维："你没事才是最重要的。"斯派维问他那天为什么没有停车，父亲说他真没看到。斯派维趴在父亲肩头，摘下父亲的牛仔帽戴在自己头上，和父母一起回家。家里似乎一切如常，后来，家里又增加了一个新成员，斯派维发明的永动机也派上了用场——摇篮机。

二、主题解读：寻找属于自己的栖木

人人向往自由，追求自由是人的天性。只是，少有人明白，真正的自由不是对自我的放纵，而是让心灵服从于意志的掌控，沿着既定的目标不断前

行，最终实现自己的价值。正是在这种意义上，弗洛姆说："意志是自由自在的，人实现了他的意志，也等于实现了他的自由。而这种自我实现对个人来说，是一种最大的幸福。"

电影《少年斯派维的奇异旅行》很好地诠释了这个问题。

首先，自由表现为遵从生命的需要，听从内心的声音，找到心中的最爱并为之持续努力。当你知道自己到底是谁，自己要做怎样的人，心中便会产生稳定的方向感，这是享受生命自由的起点。斯派维家里每个人都有自己喜欢的领域：爸爸是一个西部牛仔迷，弟弟是爸爸的小跟班，姐姐一心要参加选美比赛，妈妈是生物学博士，痴迷于昆虫研究。妈妈时常告诫家人要谨防平庸，它是头脑中的霉菌，我们必须时刻与之斗争，不让它干扰我们做的每件事。于是，斯派维痴迷地爱上了发明创造。他想当一个发明家，不断挑战科学上的未解之谜。正是基于这种想法，他才对发明永动机产生了极大的兴趣。

其次，自由常与兴趣相伴，与良好的习惯为邻。没有兴趣，单凭意志作保障，做事就成了苦役，谈不上自由；没有良好的习惯，所作所为就容易流于无序性和碎片化，背离自由的实质。斯派维之所以小小年纪就能攻克科技难题，是因为他有四个良好的习惯。第一，斯派维善于观察生活，凡事爱问

个为什么，能深入思考其中的奥秘，善于从司空见惯的现象中获得启发。比如，看车窗上的雨滴，斯派维发现水滴的特别之处在于它们总能找到阻力最小的道路，对人类来说，情况刚好完全相反。第二，斯派维喜欢动手实验，甚至为此错过了姐姐的节目演出。弟弟在谷仓打枪时，他在记录枪声波数据。第三，斯派维关注细节，思维严谨。比如，去搭乘火车的路上，斯派维精准计算自己的步幅和步速，并迅速做了调整，才没有错过火车。再如，去领奖时他看穿了大人们虚伪的假笑。钟情细节是发明家必备的品质，也是一种高品质思维。第四，斯派维善于记录整理。比如，写演讲稿要用红色的本子，紫色本子专门用来记录日常观察。正是这种严谨和细致成就了斯派维，让他得以在科学世界里任意驰骋。

　　思维上的严谨不同于为心灵设限。一旦心灵不再开放，自由也会遭到囚禁，创造也会随之走向末路。斯派维认为，在科学求知面前心灵应该保持开放态度，否则，世界上就不会有青霉素，没有相对论，没有污水渠，世界上甚至连巧克力饼干都不会有。心灵自由开放，才能去除遮蔽，打破枷锁，人类才能不断创新，世界才能不断进步。正因为斯派维有一颗自由之心，所以才成功设计出了永动机，摘下了创造桂冠上的明珠。

　　心灵的自由需要成功的激励，也需要爱的滋养。事业上的成功可以给人

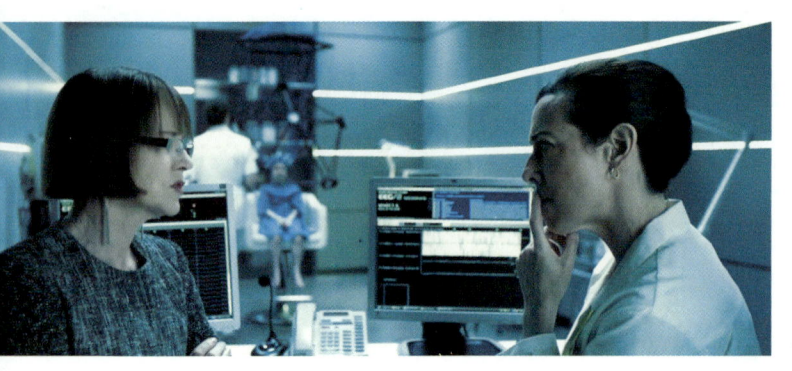

带来自信和满足，但如果缺少了爱的浸润，心灵的自由就是残缺的。

斯派维和弟弟一起玩耍时，弟弟打枪，斯派维记录枪声波数据。后来，子弹卡壳枪支走火，弟弟当场死亡，斯派维吓得躲进浴室旮旯里。弟弟的死让他一直很自责，伤心的家人也从来不谈这件事。妈妈更加痴迷于昆虫研究，无意中减少了对斯派维的关注，他误以为父母不再关爱自己。雪上加霜的是，斯派维在学校受到老师的嘲讽和同学的讥笑，严重销蚀了自己的尊严感和价值感。雨果说：自由只有通过友爱才能得以保全。此刻，斯派维的内心陷入自责的牢笼，无法自由舒展。

为了寻找心灵的自由，斯派维改变主意，决定去史密森学院领奖，因为"在那儿，我是艺术家，我是科学家，那儿需要我"。有成就感，被人需要，人生才有价值，生命才有尊严。旅途中，斯派维遇到了"两朵云"和货车司机。"两朵云"为他讲了麻雀寻找栖木的故事，想告诉斯派维要学会分享，才能找到属于自己的栖木。货车司机也鼓励斯派维：路在脚下。两人的鼓励对斯派维的帮助很大，他深受启发。发表获奖致辞时，斯派维终于敞开心扉，沉痛地倾诉弟弟的死。妈妈出现在现场，告诉他说："这不是你的错！"爸爸微笑着说："你没事才是最重要的。"误解烟消云散，一家人彻底和解。斯派维爬上父亲肩头，摘下父亲最爱的牛仔帽戴在自己头上，这是他原以为永远无法实现的梦想。只要用心，总能找到属于自己的栖木。

总之，这部电影告诉我们，追求自由是人心所向。但是，自由需要争取，一要真正热爱，心中有梦想，行走有方向。二要敞开心怀，面对知识，要保持自由、开放的心态，才能打破桎梏，不断创新；面对他人，要善于交流，学会分享，心中有爱，灵魂才有归属感。只要上路，总会遇到庆典，只要用心，一定能找到自己的栖木，享受真正的自由。

电影对对碰

一、观影准备

1. 小调查。

你和家人有过误解吗？现在和解了没有？如果已经和解了，你是怎么做的？如果还没和解，你打算怎么办？

2. 思考。

你听说过牛顿第一定律（惯性定律）吗？你认为世界上真有永动机吗？

二、电影沙龙

1. 理想和信念是人生的灯塔，少年斯派维的理想是什么？他为此做了哪些努力？这对你有什么启发？

提示：斯派维的理想是当一个发明家，保持开放的心态不断去创造，在创造中实现自己的理想，享受真正的自由。为了实现自己的理想，斯派维注意日常观察、思考，关注很多不被人注意的问题，并用专门的紫色本子进行记录。同时，斯派维喜欢动手做实验，用心记录、分析各种实验数据，如弟弟打枪时他研究枪声波数据图。斯派维心思非常缜密，特别关注各种细节，比如用科学分析的结果来解决生活中的实际问题，对接电话时备选三条道路进行分析，选择自己最喜欢的也是最冒险的那条路。再如，出发前在脑海中推演整个旅程途中的情节梗概，按重要性次序整理所有必要的物品，以保障旅行无虞。由此可见，梦想是必须要有的，有了它人生才有目标和方向。但仅有梦想是远远不够的，唯有不断努力，念兹在兹，才能把梦想实现。对我们的启发是：找到所爱，树立理想，勤于观察思考，深入实践，关注细节，注意分析积累，等等。

2. 原打算放弃领奖，后来斯派维为何又改变了主意，决定去领奖？

提示：因为斯派维还要上学，从家里到史密森学院距离很远，几乎要穿过大半个美国，斯派维原打算放弃去领奖。但是，弟弟意外死亡以后，他内心一直很自责。从没有人谈起这件事，家人一直在回避这个敏感话题。在家里感受不到关注与温暖，斯派维认为父母因为弟弟的死不再关爱自己。在学校受到老师的嘲讽和同学的讥笑，得不到尊重和友谊，斯派维找不到应有的归属感，心里非常压抑。这一切使他内心深受束缚，犹如陷入牢笼，失去了自由。另一方面，他创造设计的永动机获得了著名的贝尔德奖，这是一个巨大的成就感，让斯派维体会到了生命的价值与尊严，因为"在那儿，我是艺术家，我是科学家，那儿需要我"。于是，斯派维改变了主意，决定去领奖。总之，只有在创造中才有自由。为了寻找内心的自由，为了自身的存在价值与灵魂的归属感，斯派维改变了主意，决定去领奖。

3. 去领奖途中，"两朵云"给斯派维讲了一个什么故事？下车时货车司机对斯派维说了什么？这些对斯派维产生了什么影响？

提示："两朵云"为斯派维讲了麻雀寻找栖木的故事："一只病重的麻雀，没有足够的力气飞往南方去，这只麻雀找到一棵橡树，问橡树它能不能在叶子里避寒。但那是一棵冰冷而傲慢的橡树，橡树没同意。白杨树、柳树、榆树也都没同意。后来，第一场雪来了，麻雀到松树那儿最后试试运气。松树说：我给不了你多少保护，我只有漏风的针叶。于是，麻雀在那里避寒而活过了冬天。造物主决定惩罚那些自私的树木，从那天起，所有的树木都在冬天掉光叶子，除了松树，因为它救了麻雀。""两朵云"之所以给斯派维讲这个故事，是因为斯派维名字里有"麻雀"的发音，斯派维出生时，一只麻雀撞到窗户玻璃上死了。之所以讲这个故事，"两朵云"还想让斯派维保持快乐的心态，并告诉斯派维要学会分享与帮助，才能找到属于自己的栖木。下车时，货车司机和斯派维相互鼓励，货车司机说：我不晓得你在找什么，但不要忘了一件事——路在脚下。斯派维说：我也不晓得你要去哪里，但你一定会找到你的栖木。去领奖途中，斯派维得到了帮助，学会了分享。这趟奇异之旅犹如加速器，促使斯派维在人生的道路上迅速地成长。

4. 发表获奖致辞的时候，斯派维为什么要说弟弟的死？在访谈节目录制现场，斯派维又经历了什么？由此，你对"自由"有了哪些新的认识？

提示：因为斯派维一直很自责，很内疚，弟弟的死就像压在他心里的一块大石头，压得他几乎喘不过气来，犹如沉重的枷锁，让他久久难以释怀。家人一直回避这个话题，斯派维只好借发表获奖感言的机会打开心扉，说出压抑已久的伤痛。节目录制现场妈妈突然出现，妈妈告诉他：对于弟弟的死，妈妈也很自责。这不是你的错！弟弟的死只是一个意外，不是任何人的错。妈妈的话一下子打开了斯派维的心结，阴霾散尽，斯派维内心晴空万里，他兴奋地一跃而起，跳进妈妈怀里，与妈妈紧紧拥抱在一起。离开现场时，一向沉默寡言的爸爸微笑着告诉他：你没事才是最重要的。然后，高大的父亲蹲下来，调皮的儿子爬上父亲肩头，摘下父亲最爱的牛仔帽戴在自己头上，这就是少年斯派维最向往的幸福模样。这些对我们的启发是，所有的创伤都需要治愈，我们要学会分享，经常与他人交流沟通，感受到爱与归属感，内心坦荡才能身心舒展，才能全力以赴去创造，才能在创造中享受真正的自由。

5. 结合自身实际想一想，你是"自由"的吗？你打算如何成为一个真正意义上的"自由人"？

提示：根据自己的实际情况畅所欲言，言之有理即可。

 拓展延伸

1. 你的梦想是什么？你打算如何实现它？你内心有没有难以释怀的伤痛？怎样才能找到属于自己的栖木？请试着写出来。

2. 观看影片《楚门的世界》（本套丛书第 5 册详细分析了这部电影），进一步感受自由对于人生的重要意义。

公平正义，理性思考
电影《十二公民》

□ 刘会忠（山东省东营市利津县汀罗镇中心小学）

导演：徐昂

类型：剧情／推理／悬疑

制片国家／地区：中国

上映年份：2015 年

德育主题

　　民主是每个国家的人民都孜孜以求的政治梦想，在我国社会主义核心价值观中，"民主"是国家层面价值目标之一。引导教育学生从小树立民主观念，是德育教育的一个重要目标。影片《十二公民》在剧情结构上模仿了美国经典影片《十二怒汉》，但进行了本土化改造。整个剧情充满了情绪与理性的交锋，体现了西式民主在中国这片土地上成效的有限性，侧面反衬出中国式司法制度的合理性。观看这部影片，有助于学生思考"民主"的要义，初步理解追求民主面临的困境和破局的关键。

电影赏读

一、情节回顾

　　暑假里，在一所政法学校内，一群没有通过美英法课程期末考试的同学进行补考。他们的考试方式是模拟西方法庭，审理一起在社会上颇有知名度的"富二代弑父案"。12 位学生家长组成了陪审团，他们要在 1 小时或更长的时间内基于证据就富二代是否有罪达成共识。于是，这 12 位互不相识，来自不同领域、不同阶层的人坐到了一起，模拟对富二代弑父案做出最终判决。

　　因为所有的人证和物证以及嫌疑人自己的证言都对富二代不利，所以，在第一次投票时，11 人投有罪，只有 8 号陪审员投无罪，他之所以这样做是想让大家进行合理的怀疑，不要轻易判定一个人有罪。在 8 号陪审员的坚持下，

大家开始重新审视案情。随着讨论的逐步深入，案件的疑点一点点显现出来。先是 8 号陪审员拿出了和现场凶器一模一样的刀，破除了大家以刀具相同推出富二代是凶手的理由；而后大家通过计算列车通过时间，得出案件目击证人在说谎；通过模拟证人的行为，证明一位腿脚不好的老人在那么短的时间里来不及看到凶手逃走；通过模拟刀子刺入角度，证明刀子的刺入角度和富二代的身高不符。最后，也是最重要的证据——女人看到富二代行凶的全过程，被 9 号陪审员证明目击者是个近视眼，不可能清楚看到凶手的样子。就这样，在场的陪审员一个个被说服，最终以 12：0 达成共识，判定富二代无罪。在这个过程中，陪审团中每个人的生活不遂逐一得到显现。从中可以看出，大多数人的判断，不见得是基于理性的。

二、主题解读：民主的困境与破局

人人都希望平等参与社会事务，希望别人能听到自己发出的声音。这种对平等参与和话语权的追求，构成了民主的核心。在西方现代社会，陪审团制度还广泛存在，其原因就是这种制度被视为民主制度的代表，能充分保证司法公正。但是，即便在西方，这种制度也饱受诟病，因为很难保证每个人都能基于理性做出自己的判断。这种西式民主在当下中国暴露出更多的不足和漏洞。

影片中，12 位学生的家长组成临时陪审团，模拟审理一起"富二代弑父案"。这 12 个人来自社会不同阶层，有学校教师、出租车司机、房地产商、医生、保安、教授、保险推销员等，可以说颇具代表性。他们要在听取学生法庭审理后，对本案做出最终"判决"。这原本是一件非常严肃的事情，虽然是模拟，但案件本身是真实的。如果不加思考就把手一举，一个鲜活的生命就会面临牢狱之灾甚至失去生命，不能等闲视之。

但是，作为陪审员之一的小卖部商贩却一脸谄媚地对校方说："用不了一个小时，喊里喀嚓就让他 12∶0。"在梳理案情的过程中，10 号陪审员是位老北京，只顾发泄个人情绪，说话不讲逻辑，认为把时间浪费在细枝末节上就是吹毛求疵。由此可见，这 12 位陪审员中有相当一部分是被动参与，并没有把此事和行使个人权利结合起来看待。也就是说，对他们来说，所谓民主，并不是什么非有不可的大事，自己的居家小日子才是最重要的，其他都是虚无。生活中，这样的事例比比皆是，甚至绝大多数人并不关心政治，如果与居家生活或经济利益无关的事情牵扯到他，他会表现出一定的反感甚至是厌恶。这便是民主遭遇的困境之一——陷于生活情境之中，缺乏参与民主决策的热情和动因。

在研讨案情的过程中，一开始的投票结果是 11：1。除了 8 号陪审员，其他人均认为富二代有罪，理由是有人证、有物证，铁证如山，最重要的是那个富二代，似乎被定罪是理所当然的。相信证据，看似理性的表现，但其背后的动因却各不相同。随着剧情的一步步展开，我们可以清楚地看到各位陪审员做出判断的底层逻辑。比如 3 号陪审员，强烈认为富二代有罪，一直不肯屈服。甚至在他举出的所有证据都被否定后也不肯改变自己的立场。因为他自己就是一位失败的父亲，因为脾气不好，和儿子闹了别扭，儿子一气之下出走，六年没有音讯，老婆因此和自己离了婚。原本一个好好的家庭，就因为儿子对他的顶撞而闹得七零八落。潜意识中，那个不肖的儿子是有罪的。所以，他内心深处坚信富二代有罪。正是这种强烈的"杀子"意识占据了他的思维，使得他无法做出理性的推断，所谓的推理，也不过是想得到自己想要的那个结论而已。同样的情况也适用于 10 号陪审员，他是个老北京，对外地人有着近乎本能的抵触，因为外地人的到来，占用了他这个老北京的不少资源，以至于他的儿子没法考上好大学。于是乎，在他眼中，以河南人为代表的外地人都是"有罪"的。那些所谓的证据他都不在乎，关键是富二代和他的生父、继父都是河南人，凭这一点就够了，富二代有罪的结论由此得出。9 号陪审员是一位老爷子，因为在"文革"中被批斗，当时死的心都有了，但一个人在他危难的时候，对他说了一句暖心的话，他立刻有了生的希望。他对富二代投出"无罪"票，并非基于证据发现，而是觉得万一判决有误，这时候一句暖心的话就能给那个年轻人一个希望。

综上所说，我们可以清晰地看到，人在做出判断的时候，都受制于自己的眼界，看似理性的判断背后往往隐含着不为人知的情绪因素，而感情和理性在很大程度上是背向的。每个人都有自己的利益诉求，想让所有人达成统一的共识，绝非易事。这便是民主面临的第二个困境：多数人都是基于自己的利益诉求和既有经历作出判断，受到情绪的掣肘，很难达成相对一致的结论，由此导致民主决策的低效和近视。

越是信息社会，人越难保持相对独立的思考。我们参照的那些数据、那些所谓的"事实"，实际上都经过了别人的过滤和加工，有的甚至是伪造。以此为基础作出的推论自然容易出错。在影片中，多数陪审员之所以将富二代定为"有罪"，是因为有两个证人亲眼看到、亲耳听到了富二代杀人的过程。对于这个言之凿凿的"亲眼看到""亲耳听到"，多数人直接当事实来引用了，很少有人怀疑他的真实性。因为缺少保持必要的怀疑的思维习惯，我们自以为基于事实作出的判断往往是在人为信息控制下作出的有限判断。这便是民主面临的第三个困境：定向信息氛围中的被动洗脑，使人难以作出理性的判断。

这部电影中的核心人物，无疑是8号陪审员，正是因为有他的存在，才使得案子有了被深入讨论的可能。从影片的最后，我们知道，8号陪审员原来是位检察官，所以他能凭借职业敏感审慎地履行陪审员的职责。是他，在听闻10号陪审员说不该为一点小事吹毛求疵时，怒问："我们现在是在一座法律大学的教室里面，为了一群将来有可能成为法官的年轻人，在讨论一桩谋杀案。是为了我的孩子，也是为了你的孩子，为了我们的孩子在讨论一个人的生死。这事不该吹毛求疵？决定一个人该不该枪毙，这事不该吹毛求疵？往大了说，真就关系到一个国家法律未来是否公正，不该吹毛求疵？"正是有了他的质问，大家才真正感觉到了身上一份沉甸甸的责任。也正是8号陪审员，一次次于看似无懈可击的证言证物中揪出破绽，不断颠覆人们对所谓"真凭实据"的认知。最终，所有人被说服，富二代被判定为"无罪"。这个过程非常艰辛，不但要破除别人心理上的偏见，还要以理服人，把所有人拉到一个共识上来。本来，民主的要义，就是要每个人都有发出自己声音的机会，每个人都有参与决策的权利，但是，最终方案的达成必然是大家都能接受的，这必然要经历一个相对漫长的过程。如果没有一个跳出个人利益之外的理性的主导存在，那无论是效率还是效果都是不容乐观的。如前所说，不能太高估人类理性的力量。由此可见，要想在体现司法民主的陪审员制度上实现民主，有一个主导人是很重要的。无论是美国的《十二怒汉》，还是中国的《十二公民》，都体现了这一点。这个主导就是破局的关键所在，至少他能平静理性地提出质疑，于细小处引导人发现可能的真相。相比之下，中国的司法制度秉持的原则是专业的事情交由专业人士去做，这样效率更高，效果更好。

总之，无论是哪个国家，要实现真正意义上的民主都有很长的路要走。民主既要照顾到每个人的利益诉求，又要努力找到共同利益的最大公约数，否则，对一部分人的民主就成了对另一部分人的伤害。今天这种割裂不仅表现在英国的脱欧公投中，也表现在美国的两党选举中。没有代表全体民众利益的政党存在，所谓民主也会异化为笑话。

 **电影对对碰**

一、观影准备

1. 小调查。

（1）你对美英国家的陪审团制度有哪些了解？你觉得让一群不懂法律的人对嫌疑人进行判决有没有道理？

（2）你觉得一个人能不能做出理性的判断？

2. 如果你是陪审团中的一员，让你去决定一个人的生死，你会如何做？

二、电影沙龙

1. 在本部电影中，判定富二代是否有罪的投票共进行了 7 次，以 7 次投票为线索，梳理一下电影的主要情节。

提示：在某政法大学，因为数名学生的英美法课程需要补考，补考内容为模拟西方法庭审理一起现实生活中真实发生的"富二代弑父案"，12 位学生家长组成了陪审团就审判结果进行裁决。一开始，多数人凭借着本能和已有证据直接判定富二代有罪，只有 8 号陪审员反对，他并非有十足把握，而是希望大家能理性地分析，进行合理的怀疑。在大家都认为现场的凶器是富二代留下的时候，8 号陪审员拿出了一把和现场凶器一模一样的刀具，证明了凡事皆有可能。在他的带动下，在第二轮投票中，9 号陪审员，一位老人投了"无罪"票，想给富二代一个希望。之后，8 号陪审员和另外几位合作证明，列车通过时，老人根本听不到任何声音，他所谓的听见富二代高喊"我要杀了你"的证词是伪证。于是，5 号和 11 号陪审员改投"无罪"。当 7 号陪审员再次提及老人的证言时，5 号和 8 号陪审员敏锐地捕捉到老人的证词漏洞，通过模拟，老人在 15 秒内，根本无法到自家门口，也不可能看到富二代夺门而出。于是在第四轮投票中，形成了 6∶6 的格局。此后，2 号陪审员提到了刀子刺入角度的问题，通过现场演示，证明富二代无法用侧翻刀自上而下刺入。于是，再次投票，赞成无罪者 9人。4 号陪审员提出女证人亲眼见到富二代行凶，经推理，女证人为近视眼，以模糊的视觉无法判定别人有罪。至此，只剩下 3 号陪审员在坚持说富二代有罪。待大家问及原因时，他才道出自己的苦衷。最后，正义战胜了偏见，12 个人达成一致，判定富二代无罪。

2. 在影片中，12 位陪审员做出有罪判决或无罪判决都有自己的逻辑。认真看下面的表格，说一说你从中有什么发现。

人物	身份	有罪判决理由	无罪判决理由
1 号陪审员	法学院助教	相信理性的证据	理性的证据被推翻
2 号陪审员	数学教授	随大流	不伤和气
3 号陪审员	出租车司机	对逆子的不原谅	学会宽容、正视不足
4 号陪审员	房地产商	对证据缺少足够怀疑	理性的证据被推翻
5 号陪审员	坐过冤狱的街头混混	对原有生活的抛弃	感同身受的怜悯
6 号陪审员	急诊科医生	随大流、人云亦云	出于对生命的尊重
7 号陪审员	小卖部老板	仇富心态	抛弃自卑、重拾尊严
8 号陪审员	检察官		正义责任感和公民意识
9 号陪审员	空巢老人	没有过多思考	宽容和慈爱
10 号陪审员	老北京	对外地人的偏见	父爱的苏醒
11 号陪审员	大学保安	武断的司法审判	不满和热爱
12 号陪审员	保险推销员	对事实的轻信	合理性怀疑

提示：从上面的列表内容可以看出，12 位陪审员中，真正从理性的角度出发，以强烈的正义责任感对待这件事的只有 8 号陪审员 1 人。其他人或者缺乏足够的怀疑精神，或者仅仅出于情绪的宣泄做出判决；或者充当老好人，不从案件出发，只是不想把事情搞大。总之，和陪审员的角色定位极不匹配。把人命关天的案件交由这群人来做最后的评判，显然是不合适的。假设没有 8 号陪审员的存在，那么案中的富二代就被稀里糊涂地送上了断头台，这是多么不可思议的事情。而且，据学校老师说，以往还有不到五分钟就达成一致意见的情况发生。显然，他们不是在审理案件，而是完完全全走过场了。由此可见，这种西式民主的典范在中国这片土地上很有几分水土不服。这样说，似乎有些偏

颇，因为影片本来就改编自美国的经典电影《十二怒汉》，即是说，即便在美国，也有同样的事情在不断上演。于是，我们可以从更深层次对这种现象做出分析。

我们经常说："屁股决定脑袋。"意思是，一个人所处的位置决定了他的思维方式。这一点，在表格中体现得特别明显。多数人对案件进行表决时，看的不是证据，而是自己的关切。3号陪审员因为自家儿子的出走，感觉所有有叛逆心理的年轻人都是潜在的罪犯；10号陪审员因为外地人占用了本地资源，让自己的儿子有可能当民工，就认定外地人犯罪概率大……这都说明，人在面临具体问题的时候，促成其判断的依据往往不是事件本身的真相，而是他想看到的样子。民主，本来是避免武断的一种方式，但最容易被情感或情绪所左右，演变成为一种武断的存在，走向反民主的一面。

3. 假如没有8号陪审员，这个陪审团得出的结论是什么？对此，你有何启发？

提示：很明显，12位陪审员在第一轮投票中有11位投了"有罪"，假如没有8号陪审员的坚持，所谓"合理的怀疑"就成了一句空话。外部信息的浸染和个体情绪会裹挟众人，一起得出一个富二代"有罪"的结论。而这个结论经过推理是站不住脚的，亦对当事人造成无可挽回的伤害。由此，至少可以得出

两个结论：理性是实行民主的保障，但理性判断并不是自然发生的，它受制于人的身份、地位、处境、已有经验和当下情绪；关键人物的引领是保证陪审制度发生正向作用的必备因素，没有这样一个人，就有可能出现集体失明。

4. 结合影片，谈谈你对"陪审团制度"的看法。

提示：可以补充相关资料，以免让学生以偏概全。陪审团制度在避免法官独断专权层面是有意义的，也可以从非法律的视角进行司法审判，有存在的价值。但不可否认，因为参加人员没有法律专业知识，常常不能理性地看待案件本身，做出不公正的判决。这种情况在西方依然存在，只是找不到更好的制度代替而已。

5. 如果你是陪审团中的一员，你会做出什么判决？为什么？

提示：可以根据自己的实际情况来说。

 拓展延伸

1. 观看影片《十二怒汉》，进一步感受陪审团制度存在的合理性和偏颇性。

2. 就社会上某个案件进行模拟审判，看能否从理性的角度出发，保持合理的质疑。

互相成就，心怀善念
电影《夏洛特的网》

□杨建春（山东省东营市利津县汀罗镇中心小学）

导演：盖瑞·温尼克

类型：喜剧

制片国家／地区：美国／德国

上映年份：2006 年

德育主题

　　如何处理好人际关系，学会在帮助他人的过程中实现个人的成长，是小学高段学生德育教育的重要内容。影片《夏洛特的网》讲述了蜘蛛夏洛特和小猪威尔伯之间互相成就的故事。观看这部影片，有助于学生理解互相成就的内涵，帮助学生建立良好的人际关系。

电影赏读

一、情节回顾

　　扎克曼农场，小猪威尔伯降生了，它是一只"落脚猪"，天生长不大。农场主想要杀了它，多亏农场主的小女儿弗恩救下了它，并给它取名威尔伯。威尔伯渐渐长大，弗恩只好把它寄养在道路那头的舅舅家。

　　时光如梭，很快又到了年终岁末。小猪威尔伯的体重似乎已经到了"收获"的季节。有一天，老山羊塞缪尔听到了一个可怕的消息——艾拉伯尔先生正计划着把威尔伯当作今年圣诞大餐的主菜！这下可吓坏了小猪威尔伯。蜘蛛夏洛特知道小猪威尔伯即将迎来的是什么样的命运，作为朋友，它许下承诺，保证威

尔伯安然无恙。经过思考，夏洛特终于想出了一个能救威尔伯的好方法——在网上织出字形。很快，夏洛特就织好了"王牌猪"字样，让舅舅一家十分震惊，并引来了周围人的赞叹。不久之后，夏洛特觉得"王牌猪"大家应该都看腻了，于是再次织出了"了不起"的字样来形容威尔伯。这一次舅舅决定带威尔伯去展览会。

蜘蛛的生命是短暂的，夏洛特到了产卵期，这个时候的它是不能陪伴威尔伯的，但是为了兑现对朋友的承诺，它还是去了，并且织出了"谦卑"一词来夸赞威尔伯，帮助威尔伯在博览会上脱颖而出。这时夏洛特也产完了卵，生命走到了尽头。

得奖归来的威尔伯为农场主一家赢得了荣誉和财富，也为自己赢得了安享天命的未来。

二、主题解读：生命的意义在于互相成就

人为什么活着？生命的意义何在？不同的人可能有不同的回答。有人认为，生命本无意义，是行动本身赋予了生命意义。从这种意义上说，我们人生的意义是由我们生命本身的历程所决定的。儒家将人生的最高价值界定为"己立立人，己达达人"，意思是说在成就自己的同时，也成就别人。电影《夏洛特的网》包含了对人生价值与意义的思考，很好地诠释了"互相成就"的内涵，对于我们理解人生颇具启发意义。

影片中，小猪威尔伯是一只"落脚猪"，就是先天发育不良，只吃不长的猪。这种猪的命运就是被农场主遗弃或杀掉。可以说，

威尔伯一出生就注定了悲催的命运。幸运的是，它遇到了心地善良的小姑娘弗恩。弗恩不忍心看到威尔伯被宰杀，就央求爸爸把小猪送给自己当宠物。弗恩非常喜欢这头小猪，不但喂它牛奶，还像照顾婴儿那样给它洗澡，搂着它睡觉。随着威尔伯逐渐长大，家里已经无法容纳它了，弗恩只能把它带到了舅舅的谷仓。但是，每天放学，弗恩都会去谷仓看望威尔伯。表面上看，弗恩是在单方面地付出，威尔伯只是爱的承受方，并没有做什么事情。实际上，

正是威尔伯的存在激发了弗恩的爱心，让弗恩的童年变得充实而美好。这正是"互相成就"的要义。

最能体现"互相成就"的当数蜘蛛夏洛特和小猪威尔伯之间的互动了。初到谷仓的威尔伯没有朋友，弗恩的离开让它感到莫名的孤单，它希望能有人和他说说话。但是，谷仓中的其他动物不肯和它玩。这时，蜘蛛夏洛特出现了，成了小猪的朋友。为了

安抚小猪，蜘蛛夏洛特承诺一定会护它安全。夏洛特利用自己的织网优势，不断在猪栏上织出符合小猪特质的字样，引起农场主和周围人的围观。于是，那头当初几乎被抛弃的"落脚猪"一下子成了大家眼中的明星。当农场主一家决定把威尔伯带到博览会上参加比赛的时候，已经怀有身孕的夏洛特本已不方便出行，但看到威尔伯无助的样子时，夏洛特毅然决然地跟随威尔伯去了博览会，并用自己的丝再次织出了奇迹之字——"谦卑"，使得威尔伯在群猪中脱颖而出，赢得了胜利，也赢得了安享天命的未来。在这个过程中，似乎小猪威尔伯是单方面的受益者，一直是蜘蛛夏洛特在单向付出，其实不然。影片中，当小猪威尔伯真心诚意地向夏洛特表达谢意的时候，夏洛特说了这样一段话："你一直是我的朋友……这件事本身就是一件了不起的事。我为你织网，因为我喜欢你。再说，生命到底是什么啊？我们出生，我们活上一阵子，我们死去。一只蜘蛛，一生只忙着捕捉和吃苍蝇是毫无意义的，通过帮助你，也许可以提升一点我生命里的价值。"夏洛特的话可以说是对"相互成就"的绝佳解释。

正如开始时所说，人生本无意义，是行动赋予其意义。夏洛特原本是一只普通的蜘蛛，但它在帮助小猪威尔伯改变命运的同时也赋予了生命别样的意义。如果没有威尔伯的存在，夏洛特就会在平庸的生活中死去，它的生命也便丧失了应有的光彩。我们经常赞美"助人为乐"的行为，实际上，助人的人如果本无私心，让他人得到帮助的同时亦是在为自己的生命增添意义，的确是一件令人赏心悦目的事情。与其说"助人为乐"是一种美好品质，不如说这是一种崇高的精神境界。

值得注意的是，蜘蛛夏洛特对小猪威尔伯的帮助，绝不仅限于救了小猪的性命。在织字的过程中，威尔伯由原来的"落脚猪"一点点成长起来，就像夏洛特期许的那样，一步步真的成了"王牌猪""了不起的猪""光彩照人的猪"。所以，夏洛特也是威尔伯精神的引领者。很多时候，我们赋予心爱之物一种心理暗示，它便真的向着你所希望的方向发展了。在心理学上，把这种现象称为皮格马利翁效应。

在生活中，相互成就的现象比比皆是，父母爱孩子，孩子的存在也丰富了父母的精神世界。老师教学生，学生也让老师有了施展才华的舞台。所以，每个人都不要吝啬自己的爱，真诚地去爱身边的人，真诚地帮助别人，努力做别人的"夏洛特"，让自己的生命意义不断得到升华。

电影对对碰

一、观影准备

1. 回忆一下，在你的生活中，有没有这样一个人，当你碰到苦难时，他会义无反顾地帮助你；或者你有没有不计报酬地帮助过别人。当时，你有怎样的感觉？

2. 人活着的意义何在？怎样才能让自己的人生更有意义？

二、电影沙龙

1. 用自己的话说一说这部电影讲了一件什么事。

提示：小猪威尔伯一出生就是一只发育不良的"落脚猪"，注定会被杀或被遗弃，小姑娘弗恩出于爱心从爸爸手中救下了它，把它当成自己的宠物。随着威尔伯渐渐长大，家里已经搁不下它了，弗恩只好把威尔伯送到了舅舅的谷仓中。在谷仓里，威尔伯孤独无依，认识了蜘蛛夏洛特。当小猪恐惧于自己被杀的时候，夏洛特向它保证一定会救他不死。为了兑现自己的承诺，夏洛特充分发挥自己织网的天赋，先后织出了"王牌猪"等字样，不但保住了小猪的性命，还帮它在博览会上赢得了桂冠。从此，威尔伯得以安享天命。蜘蛛夏洛特兑现了自己的承诺，生命也走到了尽头。

2. 有人说，小姑娘弗恩救了威尔伯的命，还照料它的生活，威尔伯却只会单向地享受，没有为弗恩做任何事。你同意这种说法吗？为什么？

提示：不完全同意这种说法。一方面，弗恩确实为小猪威尔伯付出了很多，不但从爸爸手里救下了它，还喂它牛奶，陪它睡觉，在威尔伯长大些后，把它送到谷仓里继续生活，放学后还不忘去看望威尔伯。另一方面，弗恩也是受益者，且不说在照料威尔伯的过程中，弗恩的爱心得以激发，自理能力得到了提高，单单是威尔伯给她带来的童年乐趣和心灵的充实感，就是一笔不小的财富。所以，弗恩并非是单向地付出，威尔伯也不是单向地索取，二者是相互成就的。

3. 蜘蛛夏洛特为小猪威尔伯做了哪些事情？它又从中得到了什么回报？

提示：在小猪初到谷仓的时候，没有人愿意陪它玩，只有蜘蛛夏洛特愿意和它做朋友。当谷仓的动物说威尔伯活不过圣诞节，会被做成熏肉火腿时，威尔伯吓坏了，是蜘蛛夏洛特及时安慰他，并许诺一定会救它。为了救威尔伯，夏洛特充分调动自己的织网特长，利用人类的好奇心，先后在猪栏上织出了"王牌猪"等字样，让威尔伯成了远近闻名的奇迹之猪，不但暂时躲过了杀身之祸，还为主人赢得了不少经济利益。在谷仓主人决定带上威尔伯参加镇上的博览会时，夏洛特虽然到了产卵的重要时刻，但看到威尔伯无助的样子，还是陪威尔伯前往。在博览会上，为了帮助威尔伯获胜，夏洛特拼尽了最后的力气为它织出了"谦卑"字样，自己的生命却走到了尽头。

4. 同样是帮助威尔伯，老鼠坦普尔顿和蜘蛛夏洛特最大的不同是什么？

提示：坦普尔顿是典型的利己主义者，它的一切行为都是围绕个人利益展开的。坦普尔顿之所以答应夏洛特跟随威尔伯去博览会现场，是因为听动物们说那里有各种美食，可以供它大饱口福。坦普尔顿答应威尔伯从高处含出夏洛特的卵袋，是因为威尔伯许诺它今后可以任享自己的食物。在坦普尔顿看来，一切都只是利益的交换，因此，它的行为受制于利益考量，甚至只为感官享受而活。这样的生命历程很难说有什么特别的意义。蜘蛛夏洛特与老鼠形成了鲜明的对比，它对小猪的付出并不是为了从小猪身上得到多少好处，而是为了那份友谊，那一句承诺，于是，经由对威尔伯的照顾，它的生命得到了升华。夏洛特不再只是一只为活而活的平庸之辈，是威尔伯的出现让它的生命更具意义感。

5. 在夏洛特将死之际，威尔伯极力表达对夏洛特的感激，夏洛特却说："我的网不是奇迹，威尔伯，我只是描述我所见到的，你才是奇迹。"你认为夏洛特说的是实话吗？

提示：夏洛特这句话既不是完全的安慰之词，也不是完全的事实。夏洛特用自己的网织出的每一个词汇都是理想中的威尔伯。威尔伯受到了夏洛特的感召，于是努力朝向这个词汇内涵的形象成长，长成了夏洛特理想中的威尔伯的模样。在影片中，当威尔伯脏兮兮地站在镜头前接受众人的拍照时，夏洛特提

醒他："'了不起的猪'应该笑笑，头昂起来。"于是，威尔伯变得越加自信，真的成了"了不起"的猪。夏洛特说得没错，生命本身就是奇迹。当你相信奇迹会发生的时候，奇迹就真的发生了。

6. 在你的生命历程中，有没有遇到自己的"夏洛特"？你又是谁的"夏洛特"？

 **拓展延伸**

1. 阅读原著《夏洛的网》，加深对"互相成就"的理解。

2. 以"我生命中的'夏洛特'"为题，写一篇习作，讲述你与"夏洛特"之间的故事。

坚守正义，远离邪念

电影《穿靴子的猫》

□ 钱　萍（山东省东营市利津县汀罗镇中心小学）

导演：克里斯·米勒

类型：喜剧／动画／奇幻／冒险

制片国家／地区：美国

上映年份：2011 年

德育主题

追求公平正义，是社会主义核心价值观的重要组成部分，也是小学高段的德育目标之一。影片《穿靴子的猫》讲述了靴猫坚守正义、拯救小镇的故事。观看这部影片，有助于学生理解正义的内涵，帮助学生树立正确的义利观。

电影赏读

一、情节回顾

有一只穿靴子的猫行走江湖多年，他帅气、迷人、剑术高超，是一位劫富济贫的英雄剑客，也是一名被通缉的逃犯。

靴猫在酒吧里得到了雌雄恶棍杰克和吉尔手里持有魔豆的消息，决心盗取魔豆，偿还旧债。在即将成功之际，被神秘黑猫凯蒂搅黄。在追赶黑猫的过程中，靴猫来到了一个地下俱乐部，在那里见到了曾经一再欺骗他、害他被通缉的童年朋友蛋头。原来，靴猫和蛋头都在孤儿院长大，被伊美尔达妈妈收养。蛋头执着于找魔豆，犯了不少错误，并诱骗靴猫去偷银行。面对士兵的追赶和妈妈失望的眼神，靴猫无从辩解，他没有对被士兵捉住的蛋头伸出援手，转身跳进冰冷的河水中开始了逃亡之路，也开始努力寻找机会，为

自己洗刷罪名。当再次见到蛋头，靴猫余怒未消，坚定地拒绝和蛋头再次合作夺取魔豆。但在黑猫凯蒂的劝说下，也为了给自己向妈妈和小镇赎罪的机会，他再次加入了魔豆帮。

有了靴猫的无敌剑法、黑猫凯蒂的奇迹神偷和蛋头的精心谋划，魔豆帮顺利地偷到魔豆，悄悄从巨人城堡里带回了一只会下金蛋的小鹅。然而，一觉醒来，靴猫才发现偷魔豆这事彻头彻尾都是蛋头设的一个圈套。得到小鹅的蛋头成了小镇的英雄，靴猫再次沦为阶下囚。在狱中，靴猫意外得知带回的小鹅会给小镇带来血雨腥风时，毫不犹豫地要出去保护小镇。最终，在黑猫凯蒂的帮助下，靴猫逃出监狱。他说服了蛋头，一起拼尽全力将小鹅还给了愤怒的鹅妈妈，小镇重归安宁。弃恶从善的蛋头破壳之后变成了一枚金蛋，被鹅妈妈带回了空中乐园。靴猫重新成为小镇的英雄，一个维护正义的法外之徒。

二、主题解读：坚守正义，远离邪念

什么是正义？似乎很难下一个确切的定义。不同的时代、不同的族群对正义的界定可能不一样，但是，有一点是确定的，那就是正义必然意味着能促进人类社会的进步与发展，能维护公共利益和他人的正当权益。反之，为了一己之私侵害个人或公众利益，必然是非正义甚至是邪恶的。

在《穿靴子的猫》这部影片中，尽管靴猫有这样那样的小毛病，但在大是大非面前从不含糊，无疑是正义的化身。当看到冲出牛栏的疯牛快要伤到街上的老人时，靴猫毫不犹豫冲上前去扭住牛角，把疯牛扳倒在地，救了老人一命。当得知真的有魔豆时，他放下了与蛋头的恩恩怨怨，陪蛋头借助魔豆的力量去天上巨人的城堡，取回了能下金蛋的小鹅。靴猫此行的目的不只是为得到金子，而是想用金子造福圣卡尔多小镇的百姓。当初，靴猫在不知情的情况下帮蛋头窃取了人们存在银行的存款，对百姓造成了损失，靴猫对此一直耿耿于怀。当靴猫在狱中知道小鹅会对小镇造成无尽的灾难时，毅然决然地出去制止了这场灾难，救了全镇人的性命。所有这些行为，都可以视为对正义的诠释。靴猫在做这些事情的时候，无论从动机还是结果看，都对他人有益，都在为群体的利益服务。

很多时候，维护正义必然会损及个别人的利益，甚至会为此付出沉重的代价。只有内心足够强大的人，才能始终站在正义的一边。

靴猫和蛋头本是在孤儿院一起长大的好朋友，二人曾经歃血为盟，永不分离。但是，蛋头对圣卡尔多小镇并没有归属感，一心只想自己发财。当靴猫意识到蛋头的魔豆梦只为一己之私时，便不愿与之为伍了。自私的蛋头利用了靴猫，去盗取银行的钱财，害得靴猫成了官府的通缉犯。但是靴猫从来不曾与小镇为敌，甚至身陷囹圄心中想的还是如何拯救小镇的民众免遭鹅妈妈的伤害。这便是真正值得称道的地方。靴猫配得上正义之士的称谓。

对于坚守正义的人，民众向来是不吝敬仰的。当靴猫救下险些被疯牛撞伤的老人时，伊美尔达妈妈赠给他象征着荣誉和正义的靴子和牛仔帽。当靴猫送走鹅妈妈救下小镇时，镇上的民众对他热烈欢呼，称颂他的英雄事迹，撕扯下贴在墙上的对他的通缉令，妈妈盛赞他是小镇最伟大的英雄。所有这些，都是对靴猫的最大的奖赏。当然，除了这些，靴猫还收获了属于自己的爱情，这是对英雄额外的奖赏。

与正义相对的，就是为了满足一己之私而侵害他人利益的邪念。影片中的蛋头便是私欲与邪念的化身。蛋头本来有幻想，爱冒险，是靴猫崇拜的对象，但是，蛋头并没有用自己的智慧去为他人造福，却一心想着如何通过捷径得到财富。魔豆梦也好，盗取银行存款也好，蛋头始终为个人利益转圈圈，为此不惜一次次欺骗靴猫。当靴猫不齿他的行为的时候，他不思悔改，却总想着报复靴猫。

邪念并非不可战胜，伊美尔达妈妈的一个眼神，就会让犯错的靴猫心怀愧疚。哪怕是已被邪念浸心的蛋头，在靴猫真诚的呼吁下，也加入了拯救小镇的行列。在蛋头为了小镇居民的安危毅然放弃生的希望时，他的旧壳破了，取而代之的却是金灿灿的身躯。鹅妈妈将他带去了天堂，意味着他的精神得到了升华。由此可见，爱和友谊是化解邪念的灵丹妙药。

总之，正义虽然偶尔会碰壁，但正义的力量会击打人心，一点一点地汇聚着向往正义的力量，汇聚成河，汇聚成海……

电影对对碰

一、观影准备

1. 查资料。

《穿靴子的猫》是梦工厂根据经典童话创作的一部影片，了解影片中涉及的《穿靴子的猫》《鹅妈妈的故事》《杰克与魔豆》的传说故事，了解影片中人物形象的传说背景。

2. 什么是正义？举例说明你认为哪些是正义的行为。

二、电影沙龙

1. 结合影片内容，请你谈谈对正义的理解。

提示：对于正义，很难下一个确切的定义。通常来说，能维护社会群体公认的普世价值的行为就是正义的。反之，就是非正义的。在影片中，靴猫当街救下险些被疯牛冲撞的老人，让老人免于受到意外伤害，就是正义。因为这种行为被社会群体绝大多数人所赞赏。同样的道理，靴猫一心想着保护小镇，让小镇免于巨鹅的摧毁，救下了小镇的民众，也是正义。相反，蛋头为了一己之私抢夺小镇居民的银行存款，一定是非正义的。

2. 被士兵追赶到大桥上的时候，靴猫为何没有救蛋头？如果是你，你会向即将被捉住的蛋头伸出援手吗？为什么呢？

提示：因为蛋头欺骗了靴猫，害他在毫不知情的情况下成了蛋头盗窃银行的帮凶，赶来的小镇指挥官不容靴猫解释，下令捉拿他们。那一刻，靴猫失去了他在乎的一切：兄弟、荣誉、妈妈的信任和喜爱的家园。面对士兵的追赶，蛋头摔倒在桥上爬不起来，央求靴猫救他，靴猫愤怒地让他自己救自己。此刻的蛋头已经站在了邪恶的一边，与之为伍，就是对正义的背离，所以，靴猫选择了独自离开。

是否愿意向蛋头伸出援手，每个人都可以有自己的做法。

3. 影片中，小镇居民对靴猫的态度有几次变化？你怎样理解小镇居民态度的变化？

提示：第一次，当靴猫勇敢地救了街头的老奶奶时，大家纷纷围上来夸他是一个英雄，人们赞美他的胆量和勇气，伊美尔达妈妈送他代表着荣耀和正义的靴子和牛仔帽，为他感到骄傲。

第二次，靴猫发现一切都是圈套时，面对妈妈失望的劝说，他没有一丝抵抗主动走进了关他的笼子里。大家追捧着正在分发金蛋的蛋头，视他为英雄。

第三次，靴猫和蛋头联手拯救小镇后，人们撕下了他的通缉令，到处都传颂着他的故事："是靴猫从巨鹅手里救了我们！""他的剑快如闪电。""他的靴子是用最上乘的皮做的，他只喝全脂牛奶。""他好可爱，我们喜欢他！"……

从小镇居民的态度转变，可以看到大家都是有正义感的，但人们的评价有时候是正确的，有时候却是偏颇的，因为人们无法看到全部的真相。靴猫向往正义，从渴望得到大家的认可，到自己真心为正义而战，他最终成长为一个真正的靴猫侠客。

4.同样在孤儿院长大，蛋头和靴猫为什么走上了不同的道路？

提示：虽然同样在孤儿院长大，但是蛋头和靴猫秉性相差甚远。靴猫是个懂感恩的猫，他对收留自己的伊美尔达妈妈怀有深厚的感情，把妈妈的微笑视为对自己最大的奖赏。当妈妈送给他那双象征着勇敢和正义的靴子的时候，靴猫就已经下定了决心不能让妈妈失望，要做一只维护正义的猫。即便在逃亡的时候，靴猫的心里也一直装着对伊美尔达妈妈的爱，装着对小镇的感激。正义从未因他成为逃犯而消失，反倒让他更加明白，真正的正义是永存于自己内心的，是自己面对选择时的坚持。反观蛋头，有严重的孤儿情结，他始终没有将自己的生命与小镇联系在一起，把自己当成了一个"外人"。对蛋头来说，偷窃小镇居民的东西并没有什么心理负担，他是一个"孤儿"，原本就不属于这里。正是这种狭隘，使得蛋头无法接受靴猫在关键时刻的"背叛"，一心要设下圈套让靴猫体验一番被人抛弃的痛苦。正应了那句话——性格决定命运，蛋头和靴猫心性不同，选择的道路自然也不一样。

5.靴猫救下了全镇人的性命，成了小镇居民眼中的英雄。卫兵为何还要来抓他？对此，你怎么看？

提示：靴猫之所以成为卫兵追捕的通缉犯，是因为卫兵认为他是银行抢劫犯。虽然靴猫救了全镇人的性命，但在未进行审判之前，他并没有洗脱抢劫犯的嫌疑，因此，卫兵会追捕他。为何靴猫不留下来说清楚呢？大概，靴猫

更在意的是人们心中的"正义"。小镇上民众对他的钦佩和赞颂，小孩子果断撕掉了贴在墙上的对靴猫的通缉令，以及妈妈对靴猫的肯定，已经完成了对靴猫的正义鉴定，靴猫所在意的正是这些。至于卫兵秉持的所谓标准，他已经不放在心上了。

6.讲一讲你所知道的伸张正义的故事。

提示：学生可以自由作答，互相启发，加深对正义的理解。

🎞️ **拓展延伸**

1.从伊美尔达妈妈的视角重新撰写靴猫的成长历程。

2.分小组组建模拟法庭，对靴猫进行审判，可以选择口才最好的同学做辩护人。

持守梦想，永不放弃

电影《大鱼》

□ 姜新华（黑龙江省七台河市教育研究院）

导演：蒂姆·波顿

类型：剧情／家庭／奇幻／冒险

制片国家／地区：美国

上映年份：2003 年

《大鱼》是一部讲述主人公开拓创新的影片，通过叙述布鲁一生传奇的故事，表现了理想与信念对人生的作用，启示我们要积极探寻自己的热爱，不断开拓创新，不要被传统思想束缚。

 电影赏读

一、情节回顾

布鲁是一个善于讲故事的人，他的人生像故事一样充满着传奇。他自比作大鱼，像鱼一样自由游弋。布鲁年轻时很勇敢，他生活的镇上来了一个巨人，会吃牲畜，布鲁就自告奋勇地去山洞和巨人谈判，两人商量好一起去更广阔的天地谋发展。布鲁排除了巨人对大家的威胁，又借此开启了自己的人生探险之路。

在和巨人卡尔同行的路上，遇到一个岔路，布鲁选择了荒芜的小路，而卡尔走大路，约定了会合点。布鲁历经艰险来到幽灵镇，一个世外桃源一般的地方，人们来了就不准备走了，鞋都挂在村边一条绳子上。但是布鲁觉得这不是他想要的生活，就毅然离开，撇下惊愕的人们。布鲁与巨人卡尔相遇后来到一个马戏团，卡尔成为这里的特型演员，布鲁则遇见了一位美丽

的女子，对她一见钟情，发誓要与之结婚。马戏团老板知道这位女子的信息，但不想告诉布鲁，布鲁只好以无偿的工作为代价换取女孩的信息。他终于在一所大学找到那位女子，虽然她已经订婚，但布鲁还是凭借自己的热情和执着争取到女子的爱。后来布鲁被征兵，复员后成婚。

布鲁做推销工作，赚了一些钱，沿途经过幽灵镇的时候，发现这里被房地产商和金融机构搞得几乎家家破产。为了拯救这个美丽的城镇，布鲁买下这个镇子，但并不赶走居民，而是让他们继续在这里生活，幽灵镇渐渐恢复了生机，他拯救了这个城镇。

布鲁的儿子认为父亲所讲多半是胡诌的，一度不与父亲交流。在布鲁病重时，儿子重新了解父亲，渐渐发现父亲说的话除了那条大鱼是虚构的，其他都是真实的。父亲就是把自己想象成自由的大鱼，开启了辉煌的一生。

二、主题解读：每个人都应该成为一条大鱼

我们绝大多数人都生活在传统中，跟随着社会的变化而变化。而少数人却像大鱼一样，敢想敢为，开创自己的人生，不但成全了自己，也惠及遇到的人。《大鱼》中的布鲁就是这样一个人。

巨 人

布鲁一出生就表现出强大的生命力，身体发育得很快，个子超出同龄人，

渐渐身体壮硕，成为橄榄球场上的明星。他胆大心细，有一次冒着危险从大火中救出主人的宠物狗。

布鲁生活的小镇安静祥和，一个巨人的到来打破了这种平静。巨人在不断捕食各家的牲畜，人们感受到威胁，担心哪一天巨人要吃人。大家集合起来要与巨人搏斗，布鲁挺身而出，准备凭一己之力去会巨人。镇长建议他不要跟巨人打斗，而是要想办法把巨人劝走，让他寻找更适合生存的地方。

布鲁来到巨人居住的山洞，开始很恐惧，担心自己被巨人碾死。最后他鼓起勇气积极地与巨人交流，说：这个镇子很小，不适合你的发展，我都觉得这个小镇子满足不了我的雄心，我们一起到大城市中寻找机会吧。

巨人同意他的建议，两个人结伴而行。布鲁为镇上的百姓解决了一个大问题。他自己也踏上了人生的探索之旅，他觉得小镇装不下他的雄心。

离　开

布鲁和卡尔来到一个岔路上，一条路是新修的，宽阔笔直；一条是老路，狭窄蜿蜒。布鲁天性喜欢猎奇，就选择了少有人走的小路，约定在下一站见。

沿途荆棘丛生，险象环生，最终来到一个世外桃源般的小镇——幽灵镇。绿草如茵，鲜花盛开，人们都快快乐乐的。但这里有个特殊的现象，就是人们都不穿鞋，而是赤着脚走路。幽灵镇的土地确实柔软

如沙，踩上去很舒服。穿着鞋的布鲁坐在桌子旁跟人说话，桌子底下一个小机灵鬼悄悄地解开了他的鞋带，然后猛地脱下他的鞋，拿着鞋撒腿就跑，跑到村子边，把鞋抛挂在一根绳子上，那上面已经挂满了鞋。村头那条绳子上挂着许多鞋，意味着来到这里的人都不打算走了，不需要鞋子了，因为这里的人们生活得很幸福。

布鲁被强拽着加入了他们的狂欢，但布鲁仿佛看穿了这里一成不变的幸福生活，布鲁不喜欢这种一成不变的欢乐生活，就明确提出要离开。大家很惊愕，这样的快乐不好吗？人生不就是追求快乐的生活吗？但布鲁觉得人生不能这样过，就坚决离开了，留下一串疑惑和幽怨的眼神。

光脚是一种象征，象征着人们不想离开，因为这里太舒服了，为什么要离开呢？这又何尝不是多数人的追求呢？哲学家伊壁鸠鲁不也指出，人生的意义在于快乐与幸福？留下不走，除了快乐，还有熟悉和习惯，在一个地方生活久了，就安于当下的生活了。

憧　憬

离开幽灵镇容易，走出幽暗的森林并不容易，沿途危险丛生，差点儿送命，要不是布鲁有强大的求生欲和信心，也许就葬身森林了。这就像人生，找到快乐不容易（进幽灵镇也是险象环生），走出当下的生活有所超越也不容易。

走出森林，布鲁与卡尔会合，两人一起来到城市。这里正上演一场马戏，卡尔的巨人形象一下子被马戏团老板相中，卡尔比马戏团所谓的"巨人"大多了。卡尔因此成为马戏团的一员。

布鲁在看马戏的人群中看到一位美丽的女子，对她一见钟情，一下子坠入与这位女子共度美好时光的想象之中。他在这里遐想，那女子已经随着散场的人群走了。布鲁缓过神来再找那女子时，那女子已经不见踪影。他决心要娶这位女子为妻，只是苦于不知道到哪里去找。

马戏团老板知道这个女孩的信息，但并不想告诉他，认为他现在漂泊无依，无所成就，配不上这个美丽的女子，同时，老板是追求利益的人，凡事都要有所收获，哪里能无偿为人提供信息？布鲁以无偿为马戏团劳动为代价，换取马戏团老板一个关于那女子的信息。马戏团的工作很繁重，但要与那女孩结婚的想法激励着布鲁。每得到一个关于那女孩的信息，布鲁都兴奋不已。经过几个月的辛苦付出，马戏团老板被他的执着感动，解除了布鲁的劳役，告诉他那女孩在上大学，现在可以去找她了。

芳　心

布鲁精心打扮一番，来到大学找那女子，而那女子告诉他，她已经订婚了。

布鲁很失望，但没有放弃，只要没结婚，他就有机会。他得知女孩喜欢水仙花，就购买了很多水仙花，运到女孩的宿舍楼下，一大片水仙花美得让人炫目。

这场景强烈震撼了女孩，她太喜欢了。两人正沉浸在美好的感受中，女孩的未婚夫带着一些人来了，他不能容忍有人对自己的未婚妻有非分之想。

这个男子就是一度被布鲁压过风头、儿时熟悉的玩伴，此时已经变得怒不可遏，对布鲁大打出手。布鲁没有还手，满脸是血，任由对方发泄。

那女孩看不下去了，摘下戒指还给了未婚夫，她不能接受这种缺乏理智的人。

布鲁成功地赢得了女孩的芳心，这位女孩叫桑德拉。

窃　取

正要跟桑德拉好好相处时，布鲁接到了服兵役的通知。为了更快地结束兵役，他选择了最危险的工作，去某国获取情报。

窃取情报本身没有什么好说的，基本上是顺利的。值得一提的是他在工作之余，帮助一对双胞胎到美国获得了更好的发展，当然，他也需要她们的帮助。

由于与部队失联，部队甚至给守在家里的桑德拉下了阵亡通知书。缺少国家的支持，布鲁和双胞胎姐妹辗转多国才回到美国。

历经种种磨难，布鲁与桑德拉终成眷属。

拯　救

布鲁退役后成为一名推销员，凭借他高超的推销本领，赚了不少的钱。在推销的路上，他重逢了幽灵镇，这里已经修建了通往外界的路。大门被打

开，"强盗"也进来了，房地产商
和金融家们把居民们盘剥得穷困
潦倒，到处都是破产之家，一片
萧条。政府为了盘活资源，要拍
卖幽灵镇，没人想要这偏僻又萧
条的地块。布鲁中标并买下了这
片土地，但他一下子拿不出那么
多钱购买土地，就向一些有钱之
士募捐。布鲁与每一个家庭签订
购买合同，但却不需要他们搬走，
也不让各家交房租，照常过日子。
这座镇子渐渐焕发出新的生机。

布鲁在这里再次遇见了当年
把他的鞋挂到绳子上的珍妮。珍
妮不同意出卖自己的房子，虽然
知道条件，虽然知道自己的房子

破败得就要倒了。布鲁无偿地帮她修好了房子。珍妮被布鲁的真情打动，签
署了协议。珍妮爱上了布鲁，但布鲁拒绝了，他只爱自己妻子一个人。

大　鱼

布鲁是善于讲故事的人，他的身边不缺少听众。但长大后的儿子威尔觉
得父亲只是在说谎，那些精彩的故事根本就是无稽之谈。当他看见父亲在自
己的婚礼上眉飞色舞地讲故事，就气不打一处来，直接离开了现场。威尔结
婚后到另外的城市工作，三年都没跟父亲说过话，父亲也意识到儿子不喜欢

自己，每当电话打到家里来，他总让妻子说爸爸不在，其实他就在身边。

父亲病危，威尔夫妻俩赶回来。看护间隙，威尔质问父亲为什么总是编造那些故事。

布鲁很生气，并正告儿子："不了解我是你的损失，不是我的错。"布鲁很自信，相信自己的人生是成功的。布鲁年老时，总说自己太干了。这是一种作为鱼的感受，即离开水太久了，不能像年轻时那么如鱼得水，也就是不能像年轻时那样充满激情地做事了。

威尔的妻子很喜欢听公公讲的故事，威尔的妈妈也不时跟威尔说：你父亲讲的不都是虚假的。妈妈把威尔领到布鲁的办公室，查阅那些能证明父亲经历的资料。

威尔发现了父亲与幽灵镇的珍妮关系特殊，就亲自去了一趟。珍妮讲述了故事的经过，并幽怨地说布鲁心中的女人只有两种：一种是妻子，一种是其他人。妻子是真实的，是布鲁全心以待的，后者只不过是布鲁童话故事中的人物，是虚构的。

威尔进一步确认了父亲所讲述的那些故事都是真的。

布鲁在病榻上不幸又中风了，威尔寸步不离地陪护着。布鲁已经走到了生命的尽头，威尔此时真正领悟了父亲的精神和经历，于是开始续写父亲故事的结局，布鲁享受地听着儿子讲述着自己喜欢的故事：

威尔抱着父亲，避开医生，开汽车把父亲送到大河，妈妈在河中站着，静静地等着丈夫的到来。布鲁与妻子告别，变成一条大鱼游走了。

这个结尾是布鲁喜欢的，他也意识到儿子理解自己了，欣慰地闭上了眼睛。

葬礼上，布鲁故事中的人物都来了，威尔这时彻底相信了父亲所说的话。

 **电影对对碰**

一、观影准备

美国人一生中换工作的次数：有职业顾问总结，美国人一生中平均换6—7份工作。美国劳工统计局经济学家比雷特自1979年开始研究，从一万人的样本中，发现他们在18—42岁之间所从事的工作每人平均为10.8个。

二、电影沙龙

1. 布鲁所讲述的那些故事是真的吗？请在影片中找到能证明自己观点的证据。

提示：应该说除了用戒指钓住大鱼以及从女巫眼里看到未来的死法之外，其他故事都是真的。之所以容易被当成虚幻的故事，是因为这些故事太有传奇性了。

勇会巨人的故事中，人们习惯于把未能亲眼看见的事物神秘化，更相信传说，而缺乏胆量去探究。只有18岁的布鲁，初生牛犊不怕虎，加上一些科学观念，他认为可以会一会吃牛羊的巨人。到了现场，他也很害怕，但是去会见神秘巨人本身就是一种勇敢，没有这个开头就不会出现英雄。幸运的是，这个巨人不吃人，只是因为饥饿又跟居民们不熟，才偷吃人们的牛羊。布鲁了解到这些后，就和他一起上路，去寻找更广阔的天地，以适应自己的天性。

拯救幽灵镇的故事中，首先有幽灵镇未与世界沟通时的美好，那里的人们自得其乐，拒绝外出。后来幽灵镇修路与外界联通，被投机的房地产商和金融商掠夺，很多居民因此破产，这也是常有的现象。布鲁拯救幽灵镇的方式是通过向自己帮助过的有钱人集资，买下幽灵镇，避免幽灵镇的居民流离失所，布鲁做成了一件善事。这样的大善人，怎么能不被喜欢呢？幽灵镇出现暗恋布鲁的珍妮，也是情理之中的事情。

布鲁的儿子威尔是父亲故事的最大怀疑者，但是妈妈带着威尔去地下室看了一些文件和票据，这些资料证明布鲁所讲的故事几乎都是真的。威尔还亲自到幽灵镇去看了，进一步证实了故事的真实性。包括布鲁葬礼上的来宾，都证明了父亲故事的真实性。

电影有意增加一些虚幻的细节，是为了渲染布鲁一生的传奇性。

2. 布鲁为什么以大鱼自比？作为比喻，他们之间有何相似之处？

提示：大鱼有两个特点，一是大而能力强，二是自由。这两个特点也正是布鲁的特点。正因为如此，布鲁才以大鱼自比。

3. 威尔成年后为什么不相信爸爸布鲁的故事？父子间的矛盾是怎么造成的？

提示：这与人的成长有关，影片突出表现的是威尔的结婚仪式上，布鲁在滔滔不绝地讲着自己的故事，作为新郎的威尔忍受不了，跟妈妈打个招呼就离开了。一个人的成长通常会以对抗父母为表现形式，一般始于青春期，结婚也是独立的象征，表示个体的成熟与独立。婚礼仪式结束后，父子俩吵了一架，以至于威尔三年没跟父亲再说话。

即使父亲患病而前去探望，威尔依然在批评父亲虚构的人生。两个人又开始了争吵。威尔说我一直很相信你，但后来知道那是不可能的，我长大了，你就不应该再编故事了。父亲则坚持说自己所说的都是真实的。威尔说，如果你这一生都不理解我对你的质疑，我只能说很遗憾。父亲说你不理解我不是我的错，而是你的损失。威尔需要父亲百分百的真实，布鲁则希望儿子能继承自己的勇气与开拓精神。

谁对谁错？可以说谁都有错，父亲应该理解自己的言说中融进了想象的成分，虽然他就是按照这种理想做事的。也可以说儿子有错，他不能只盯着父亲故事中不合理的细节，而忽略了大部分的事实。

好在桑德拉理解丈夫，又能为威尔解开疑团，她领着威尔走进布鲁的办公室，各种资料印证着故事的真实性。威尔最担心的是父亲在外面还有一个家，就亲自到幽灵镇去找珍妮，珍妮的讲述化解了威尔的担心，布鲁只爱自己的妻子。

经过多方探访，威尔终于明白了父亲的故事几乎都是真的，而关于大鱼、女巫的故事只是为了衬托其他故事的真实性。威尔在心理和感情上跟父亲和解了。一生辉煌的布鲁逝去，威尔在父亲去世前理解了父亲，也喻示着将继承父亲的精神。

 **拓展延伸**

1. 推荐电影《传奇的诞生》。

这部影片是根据球王贝利的故事改编的。贝利出生在贫民窟，生活艰辛，遭人歧视，但这些困难都未能阻挡贝利勇往直前的成长，经过不懈的努力，终成一代球王。

2.《大鱼》中布鲁的一生充满了传奇，他的很多行为都跟常人不一样，他的行为貌似疯狂，但又不是绝对的不合理，而且布鲁都完美地做成了。与墨守成规的人生不一样，他的选择充满冒险，也反映出他的勇敢、担当与创新。结合这部电影的情节，写一篇文章，说说你心中的完美人生。

后　记

随着中小学德育影视课程丛书——《超级电影课》的面世，回首课程的整个研发过程，我们的心中充满了激动与感激。

感谢所有热爱影视教育的老师们，感谢晓琳影视课程工作坊的老师和专家们。你们不仅积极参与了本套丛书的编撰，更是将这套课程带进了教室，成为孩子们生命成长中重要的精神营养。正是你们的热情与专业，让这套丛书焕发出生机与活力。

感谢所有热爱影视课程的孩子们。你们将自己的生命叙事与影视故事相互编织，不仅自身获得积极健康的成长，更让电影人物鲜活无限，让电影故事的生命力丰盈而绵长。正是你们的参与投入，让这个课程更加生动与有趣。

感谢所有热爱影视教育的家长朋友们。是你们的信任和支持，给了影视教育无限的可能。正是因为有了你们的陪伴与鼓励，孩子们才能在光影的世界中畅游，感受艺术的魅力。

感谢北京大学影视戏剧研究中心主任、教育部"长江学者"陈旭光教授，上海戏剧学院电影学院院长、博士生导师、教育部"长江学者"厉震林教授，西北大学电影学院院长、博士生导师、陕西省中小学影视教育协会常务副会长张阿利教授对本套丛书的推荐与支持。

感谢大象出版社对影视教育的倾力支持，感谢梁金蓝编辑十余年来对影视课程的独具慧眼，满满情怀，出版了十余部影视教育图书，形成了课程品牌，助推了影视教育的持续发展。

《超级电影课》，将优秀影视作品与德育融合起来，在立德树人方面发挥了独特功能。在设计课程时，我们引用了电影的部分剧照，以帮助孩子们理解故事情节，深化教育主题。感谢济南鸿景影视文化传媒有限公司出品发行的电影《麦豆的夏天》、华夏电影发行有限责任公司出品发行的电影《我和我的祖国》、峨眉电影制片厂出品发行的电影《红衣少女》、西安梦想流坊影视文化传媒有限公司出品发行的电影《信·守》等免费授权我们使用剧照和海报。不过，由于多种原因，我们暂时无法联系上部分影视作品的版权方，对此深感遗憾并表示诚挚的歉意。如版权方看到本套丛书，请与我们联系，我们将立即支付稿酬，并赠送样书。我们会在未来的工作中更加努力，确保尊重每一位创作者的版权。

最后，我们要感谢所有为这套丛书付出过努力的人们。正是因为你们的支持与帮助，《超级电影课》才得以顺利出版。它见证了我们对影视教育的热爱与坚持，也寄托了我们对孩子们美好未来的期许与祝愿。希望这套丛书能够继续为中小学德育贡献一份力量，为孩子们的成长带来更多的智慧与启迪。

杨爱君　王晓琳